Groß oder klein?

Verlängern

M Merkwörter

Meine Wörter

Lern- und Schreibtipps

Hinweise zum Hefteintrag

Bei schreibst du Aufgaben in dein Schreibheft.

Beginne immer mit dem Datum.

Notiere danach die Seite und die Aufgabe.

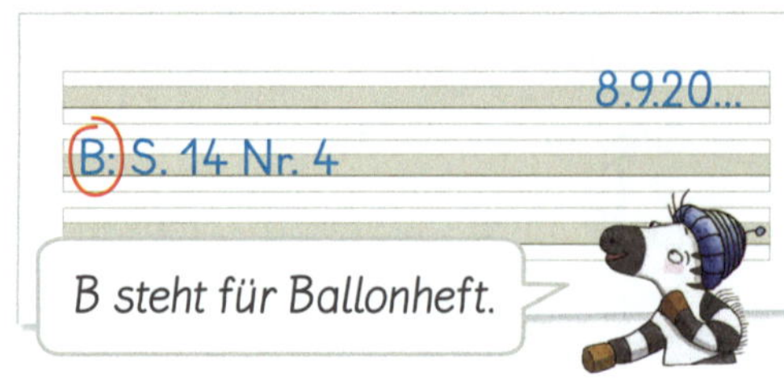

Die Schreibhilfe zeigt dir, wie du die Aufgabe lösen sollst.

Die Abkürzung **z. B.** heißt zum Beispiel.
Hier gibt es verschiedene Lösungen.

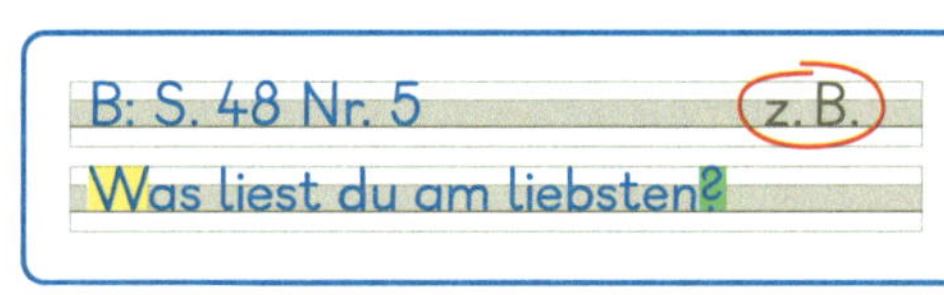

Wörter abschreiben

1 Schwinge das Wort.
Merke dir schwierige Stellen.

2 Sprich das Wort in Silben und schreibe es auswendig auf.

3 Vergleiche. Verbessere Fehler.

Wort des Tages

1 Sprich das Wort deutlich.
Schwinge die Silben.

2 Schreibe das Wort.
Setze Silbenbögen und markiere die Könige.

3 Vergleiche. Verbessere Fehler.

die Ziege (Nomen)
Die Ziege meckert laut.
Ziege – Ziegenbart
Ziege – Fliege

4 Übe mit dem Wort:
- Bestimme die Wortart.
- Schreibe Sätze mit dem Wort.
- Suche verwandte Wörter.
- Finde Reimwörter.

Merkwörter üben

Wörter mit V/v

Vater	Vase
viel	Klavier
voll	Lava
von	Vulkan

1 Sammle Merkwörter.

2 Lege eine Übungskartei an:
- Schreibe zu jedem Merkwort eine Karte.
- Markiere schwierige Stellen.

der Vater
die Väter

viel
viele

voll
die volle Stunde

Partnerdiktat

1 Diktiere einem Kind
ein Wort.

2 Das Kind schreibt
das Wort auf.

3 Siehst du einen Fehler,
sage: „Stopp!“

4 Hilf dem Kind, wenn es
den Fehler nicht alleine findet.

5 Diktiere dem Kind
weitere Wörter.

6 Wechselt euch ab.

Blitzdiktat

1 Zeige einem Kind
eine Wortkarte.

2 Zähle leise bis drei.
Drehe die Karte um.

3 Das Kind schreibt
das Wort auf.

4 Vergleicht.
Verbessert Fehler.

5 Wechselt euch ab.

Name: ____________________ Datum: ____________

Sprechen – hören – schwingen

Das kann ich schon 1

Ich kann:
- Silben schwingen,
- Silbenbögen setzen,
- Königsbuchstaben markieren und
- Wörter schreiben.

Aa Ee Ii
Oo Uu ie

1 Setze die Silbenbögen. Markiere die Königsbuchstaben.

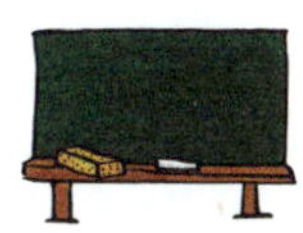

Schule	Tafel	Besen	Vogel
Hose	Gabel	Fliege	Nudel

2 Setze die Silbenbögen. Ergänze die Königsbuchstaben.

a e

o e

Name: ______________________ Datum: ____________

Das kann ich schon 2

○ **1** Setze die Silbenbögen. Ergänze die Königsbuchstaben.

Bl ___ m ___

Sch ___ k ___ l

L ___ t ___ r

W ___ lk ___

R ___ b ___

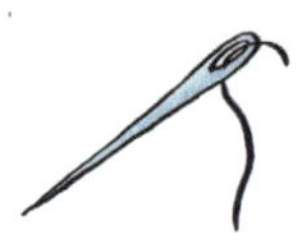

N ___ d ___ l

St ___ mp ___ l

M ___ s

○ **2** Schreibe die Wörter ab. Setze die Silbenbögen.
Markiere die Königsbuchstaben.

B: S. 10 Nr. 2
die Farbe, ...

die Farbe | das Kleid | die Biene

◐ **3** Schreibe die Wörter. Setze die Silbenbögen.
Markiere die Königsbuchstaben.

die

der

der

die

Name: ______________ Datum: ______________

Lange Wörter schwingen und schreiben

Schwinge bei langen Wörtern die Silben.
Mache nach jeder Silbe eine Schreibpause:

Scho – ko – la – de

○ **1** Sprich die Wörter deutlich. Schwinge und schreibe.
Setze die Silbenbögen.

Blu men
va se

zap Tan
fen nen

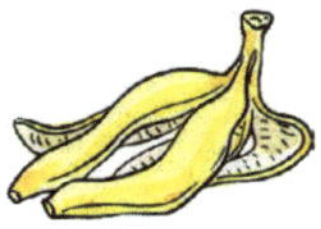

na Ba scha
le nen

◒ **2** Sprich die Wörter deutlich. Schwinge und schreibe.
Setze die Silbenbögen.

● **3** Schreibe weitere lange Wörter auf. Zebrastreifenmuster

Name: ______________________ Datum: ______________

Selbstlaute und Mitlaute

Die Königsbuchstaben
A/a, E/e, I/i/ie, O/o und **U/u**
heißen **Selbstlaute**.
Bei ihnen klingt nur der Laut selbst.

A a | E e | I i | O o | U u | ie

○ **1** Markiere die Selbstlaute.

Tag | Fest | Kind | Spiel | Brot | Buch

○ **2** Schreibe die Selbstlaute in die Kronen.

___ ___ ___ ___ ___ ___

Alle anderen Buchstaben im Abc heißen **Mitlaute**.
Bei ihnen klingt immer ein Selbstlaut mit.

○ **3** Markiere die Mitlaute im Abc.

A B C D E F G H I J K L M N O P Q R S T U V W X Y Z

○ **4** Schreibe die Selbstlaute und die Mitlaute geordnet auf.

Selbstlaute:

____

Mitlaute:

____

____

WB S. 5

Name: ______________________ Datum: ______________

Umlaute 1

Die Buchstaben **Ä/a, Ö/ö** und **Ü/ü**
heißen **Umlaute**.
Umlaute sind auch Selbstlaute.

Ä ä   Ö ö   Ü ü

1 Markiere Ä/ä, ö und ü.

Der Apfelbaum hat im Frühling schön geblüht.
Ende März haben wir die erste Blüte gesehen.
Im Herbst hängen viele grüne Äpfel am Baum.
Unsere Väter pflücken sie ab.
Meine Mama macht in der Küche Apfelmus.
Wir können mit dem Löffel probieren. Alle mögen es sehr.

2 Schreibe die Wörter geordnet auf.

Ä/ä: ______________________________

ö: ______________________________

ü: ______________________________

____

3 Ergänze die Umlaute.

T___r

L___ffel

L___we

S___ge

M___tze

B___r

Schl___ssel

K___se

K___pfe

Name: ________________ Datum: ____________

Umlaute 2

○ 1 Markiere a/o/u und ä/ö/ü.

Garten	Vögel
Vogel	Säfte
Mutter	Gärten
Saft	Mütter

○ 2 Verbinde die Wortpaare.

● 3 Was fällt euch auf?

○ 4 Schreibe die Wortpaare auf.

B: S. 14 Nr. 4
der Garten – die Gärten

◒ 5 Ergänze die Wörter.

 ein Buch —  viele Bücher

 ein Topf —  viele

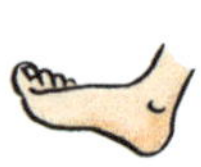 ein Fuß — 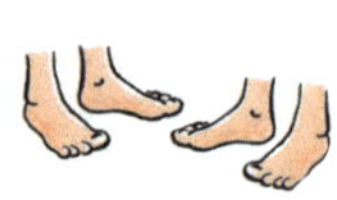 viele

 ein Dach —  viele

○ 6 Markiere a/o/u und ä/ö/ü.

◒ 7 Schreibe die Wörter wie im Beispiel auf.

B: S. 14 Nr. 7
das Glas – die Gläser

Glas | Wurm | Fach | Nacht | Knopf | Hut

Name: ______________________ Datum: ______________

Zwielaute 1

Zwielaute setzen sich aus zwei Königsbuchstaben zusammen. Zwielaute sind auch Selbstlaute: **Au/au, Äu/äu, Ei/ei** und **Eu/eu.**

Au au | Äu äu | Ei ei | Eu eu

○ **1** Markiere au, ei und eu.

Heute Abend gibt es ein Feuerwerk. Dort treffen wir auch meinen Freund Paul und seine kleine Schwester. Wir drei Kinder freuen uns. Es werden viele Leute kommen und es wird sicher laut.

○ **2** Schreibe die Wörter geordnet auf.

au: ______________________

ei: ______________________

eu: ______________________

____

◒ **3** Ordne richtig zu. Markiere Au/au und Ei/ei.

Au/au	Ei/ei

Name: ______________________ Datum: ____________

Zwielaute 2

1 Ergänze die Wörter. Markiere au und äu.

 die Maus  die Mäuse

 das Haus  die ______

 der Zaun  die ______

2 Ergänze die passenden Zwielaute.
Ein Wort passt nicht. Streiche es.

Au au

 Au ge

 Sch au kel

 T au be

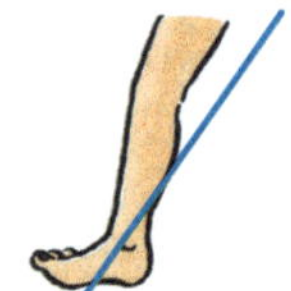 ~~B ei n~~

Ei ei

 Kl____d

 D____men

 S____fe

 ____s

Eu eu

 ____le

 F____er

 B____m

 ____ro

3 Schreibe jeweils
die drei passenden Wörter auf.

B: S. 16 Nr. 3
Au/au: Auge, Schaukel, Taube

Name: ______________________ Datum: ______________

Selbstlaute, Umlaute und Zwielaute

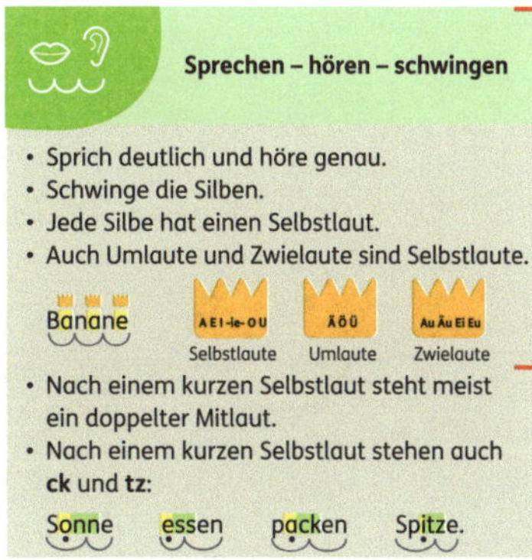
Sprechen – hören – schwingen

- Sprich deutlich und höre genau.
- Schwinge die Silben.
- Jede Silbe hat einen Selbstlaut.
- Auch Umlaute und Zwielaute sind Selbstlaute.

Banane — A E I -ie- O U Selbstlaute — Ä Ö Ü Umlaute — Au Äu Ei Eu Zwielaute

- Nach einem kurzen Selbstlaut steht meist ein doppelter Mitlaut.
- Nach einem kurzen Selbstlaut stehen auch **ck** und **tz**:

Sonne essen packen Spitze.

Sprechen – hören – schwingen

- Sprich deutlich und höre genau.
- Schwinge die Silben.
- Jede Silbe hat einen Selbstlaut.
- Auch Umlaute und Zwielaute sind Selbstlaute.

Banane

A E I -ie- O U	Ä Ö Ü	Au Äu Ei Eu
Selbstlaute	Umlaute	Zwielaute

1 Setze die Silbenbögen.

Ampel	Käse	Hose	Fieber
lesen	dürfen	reiten	hören

2 Markiere die Selbstlaute.

3 Schreibe die Wörter. Setze die Silbenbögen.

der Bär

die

der

die

der

der

4 Markiere die Selbstlaute.

Name: ______________________ Datum: ______________

Kurzer oder langer Selbstlaut

kurz •

wie auf den Tisch klopfen

Ratte

lang –

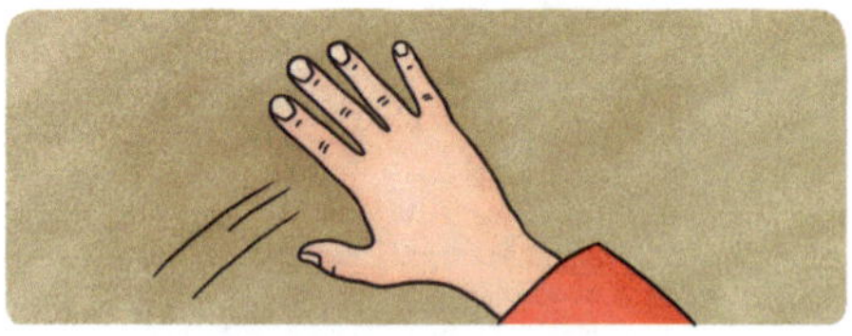

wie über den Tisch streichen

raten

1. Setze die Silbenbögen.
Markiere den Selbstlaut in der ersten Silbe.

Tante	Regen	Bruder	Wolke
Tafel	Tochter	Dose	Wetter
Reise	Wasser	Lampe	Stunde
Sonne	Meter	Schere	Teller

2. Klingt der Selbstlaut kurz oder lang? Markiere • oder –.

3. Vergleicht die ersten Silben.
Wo steht jeweils der Selbstlaut?

4. Schreibe die Wörter geordnet auf.

5. Ergänze Beispiele aus der Wörterliste.

B: S. 18 Nr. 4

kurzer Selbstlaut	langer Selbstlaut
Tante	Regen

Name: ______________________ Datum: ____________

Lange Selbstlaute

○ **1** Setze die Silbenbögen.
Markiere den Selbstlaut in der ersten Silbe.

a

☒ 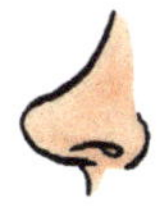 Nase
☐  Hamster
☒ 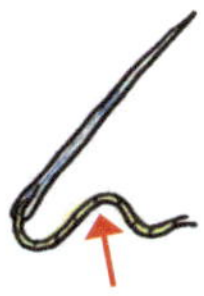 Faden
☒  Gabel

e

☐  Schere
☐  Fenster
☐  Feder
☐  Besen

o

☐  Rose
☐  Vogel
☐  Hose
☐  Wolke

u

☐ rutschen
☐ suchen
☐ hupen
☐ rufen

◒ **2** Klingt der Selbstlaut kurz oder lang?
Markiere • oder –.

○ **3** Kreuze die Wörter mit langem Selbstlaut an.

○ **4** Schreibe die drei passenden Wörter auf.

B: S. 19 Nr. 4
a: Nase, Faden, Gabel

● **5** Was fällt euch in der zweiten Silbe auf?

rufen | suchen | hupen | rutschen

Name: ____________________ Datum: ____________

Wörter mit ie

Klingt das **i** in einem Wort lang, schreibst du meist **ie**:
Bi**e**ne, li**e**ben, vi**e**r.

○ **1** Setze die Silbenbögen. Markiere ie.

spielen	lieben	Zwiebel	liegen
Spiegel	fliegen	Briefe	riechen
Wiese	Tiere	Diebe	Stiefel

○ **2** Markiere ie.

Ziele nie mit Stiefeln auf schielende Stiere.
Wiegen vier Bienen so viel wie sieben Fliegen?
Die lieben Ziegen besiegen den fiesen Riesen.

◒ **3** Lest die Sätze schnell vor.

◒ **4** Sprich die Wörter deutlich. Setze **i** oder **ie** ein.

Es ist W____nter. Franz fr____rt und
muss laut n____sen.
Trotzdem holt er seinen Schl____tten.
Mit seinen St____feln vers____nkt er
im t____fen Schnee.
Vor Freude s____ngt er ein L____d.

WB S. 8

Name: ______________________ Datum: ______________

Reimwörter mit ie

Reimwörter sind Wörter, die ähnlich klingen.
Sie haben den gleichen Reimbaustein am Ende: Fliege – Ziege.

○ **1** Verbinde die Reimwörter.

Spiel	nie	Brief	vier
Knie	viel	Tier	tief

○ **2** Schreibe die Reimpaare auf.

B: S. 21 Nr. 2
Spiel – viel

◒ **3** Setze die passenden Reimpaare ein.

Dieb | Fliege | Tier | liege | Papier | lieb

Vor mir hängt ein leeres Blatt ____________,
darauf male ich ein gruseliges ____________.
Danach male ich einen ____________,
der ist nicht böse, sondern ____________.
Am Dienstag male ich dann eine ____________,
während ich auf einer Wiese ____________.

◒ **4** Finde Reimwörter mit **ie**. Umrahme die Reimbausteine.

Wiese | Schiene | Ziegel

R | B | Sp

● **5** Schreibt Reime.

WB S. 9

Name: ______________________ Datum: ______________

Wörter mit ß

Nach einem langen Selbstlaut
(auch Umlaut oder Zwielaut) steht meist **ß**:
Kl<u>o</u>**ß**, s<u>ü</u>**ß**, w<u>ei</u>**ß**.

○ **1** Markiere ß.

groß	Straße	Fuß	süß	Floß
Spaß	Grüße	fließen	fleißig	weiß

○ **2** Markiere den langen Selbstlaut vor **ß** wie im Beispiel.

◒ **3** Setze die Wörter ein.

Das Gegenteil von klein ist ______________.

Wir lernen ______________.

Schnee ist ______________.

Autos fahren auf der ______________.

Mein ______________ tut mir weh.

Zucker ist ______________.

Baden macht ______________.

Ich sende dir viele ______________.

Flüsse ______________ ins Meer.

Franz fährt mit dem ______________.

◒ **4** Übt die Wörter aus Aufgabe 1 als Blitzdiktat.

◒ **5** Schreibe fünf lustige Sätze mit Wörtern aus Aufgabe 1.

WB S. 10

Name: ____________________ Datum: ____________

Kurze Selbstlaute

1 Setze die Silbenbögen.
Markiere den Selbstlaut in der ersten Silbe.

a	[x]  Mantel	[x]  Lampe	[ ]  Gabel	[x]  Saft
e	[ ]  Teller	[ ]  Besen	[ ]  Kerze	[ ]  Ente
i	[ ] bitten	[ ] nie	[ ] sitzen	[ ] immer
o	[ ] Sonne	[ ] Koffer	[ ] Hose	[ ] Wolke
u	[ ] und	[ ] dunkel	[ ] unten	[ ] bluten

2 Klingt der Selbstlaut kurz oder lang?
Markiere • oder –.

3 Kreuze die Wörter mit kurzem Selbstlaut an.

4 Schreibe die drei passenden Wörter auf.

B: S. 23 Nr. 4
a: Mantel, Lampe, Saft

Name: ______________________ Datum: ______________

Doppelte Mitlaute 1

Nach einem kurzen Selbstlaut/Umlaut steht oft ein **doppelter Mitlaut:** Mutter, Bälle, sollen, müssen.

1 Setze die Silbenbögen.
Markiere den Selbstlaut in der ersten Silbe.

Schlüssel	Treppe	Löffel	Wasser
Klasse	Sommer	Wetter	Zimmer

2 Markiere den kurzen Selbstlaut wie im Beispiel.

3 Markiere die doppelten Mitlaute.

4 Finde Reimwörter mit doppeltem Mitlaut.
Umrahme die Reimbausteine.

Mutter	wissen	rennen
B	K	k
Puppe	wollen	wann
S	s	d

5 Welche Aussage stimmt? Kreuze an.

- [ ] Doppelte Mitlaute stehen oft nach einem langen Selbstlaut.
- [ ] Doppelte Mitlaute stehen oft nach einem kurzen Selbstlaut.

WB S. 11

Name: ______________________ Datum: ______________

Doppelte Mitlaute 2

Sprechen – hören – schwingen

- Sprich deutlich und höre genau.
- Schwinge die Silben.
- Jede Silbe hat einen Selbstlaut.
- Auch Umlaute und Zwielaute sind Selbstlaute.

Banane — A E I -ie- O U Selbstlaute — Ä Ö Ü Umlaute — Au Äu Ei Eu Zwielaute

- Nach einem kurzen Selbstlaut steht meist ein doppelter Mitlaut.
- Nach einem kurzen Selbstlaut stehen auch **ck** und **tz**:

Sonne essen packen Spitze.

- Nach einem kurzen Selbstlaut steht meist ein doppelter Mitlaut.
- Nach einem kurzen Selbstlaut stehen auch **ck** und **tz**:

Sonne essen packen Spitze.

1 Schreibe die Wörter. Setze die Silbenbögen.

Himmel

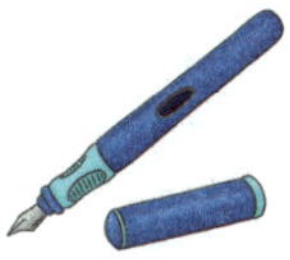

2 Markiere wie im Beispiel.

3 Schreibe Sätze mit den Wörtern.

4 Ergänze die doppelten Mitlaute.

Im So__ __er scheint die So__ __e hoch am Hi__ __el.

A__ __e Kinder re__ __en ins Wa__ __er.

Meine Mu__ __er und ich e__ __en ein großes Eis.

5 Schreibe die Sätze ab.

Name: ______________________ Datum: ______________

Wörter mit ck und tz

Nach einem kurzen Selbstlaut steht **ck**: packen.

1 Ergänze **ck**. Markiere wie im Beispiel.

schi_ck_en le___er entde___en schme___en dru___en

2 Finde Reimwörter mit **ck**. Umrahme die Reimbausteine.

die Hecke	drücken
die D	schm
die Schn	b

Nach einem kurzen Selbstlaut steht **tz**: Hitze.

3 Ergänze **tz**. Markiere wie im Beispiel.

si_tz_en pu___en die Spri___e der Schmu___ spi___

4 Finde Reimwörter mit **tz**. Umrahme die Reimbausteine.

die Glatze	flitzen
die K	s

5 Welche Wörter schreibt man mit **ck** oder **tz**? Schreibe vier Sätze.

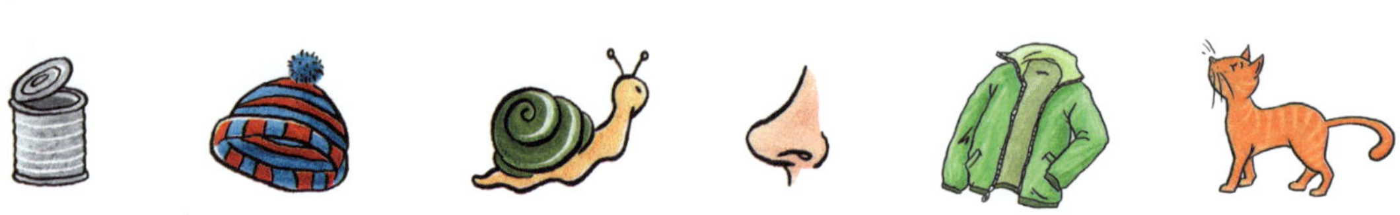

WB S. 12

Name: ______________________ Datum: ______________

Wörter mit ng und nk

1 Setze das passende Wort ein.

Die Tür hat eine ______________.

Das Messer hat eine ______________.

Wir sollen uns nicht immer ______________.

Der Krebs hat zwei große ______________.

Klinge | Klinke | Zangen | zanken

2 Markiere ng und nk.

3 Ergänze **ng** und **nk**.

E____el

E____el

si____en

si____en

4 Schreibe mit jedem Wort einen Satz.

5 Finde Reimwörter mit **ng** und **nk**.
Umrahme die Reimbausteine.

die Stange	die Bank
die Z	der D
die W	der Schr
springen	denken
br	sch
kl	l

Name: ______________________ Datum: ____________

Wörter mit Ch/ch

Der Laut **Ch/ch** klingt in Wörtern unterschiedlich.
Sprich deutlich und vergleiche: Dra**ch**en, Mil**ch**, **Ch**or.

○ **1** Sprich die Wörter deutlich.

ch wie in Drachen

ch wie in Milch

Ch wie in Chor

Chaos	Bauch	Gesicht	euch
lachen	Christina	acht	Christbaum
Chlor	Kirche	leicht	brauchen

◒ **2** Klingt **Ch/ch** wie in Drachen, Milch oder Chor?
Markiere.

○ **3** Trage die Wörter richtig ein.

ch wie in Drachen	**ch** wie in Milch	**Ch** wie in Chor

◒ **4** Übt die Wörter als Blitzdiktat.

WB S. 13

Name: ______________________ Datum: ______________

Wörter mit B/b, G/g und D/d

Manche Laute klingen ähnlich. Sprich sie deutlich und höre genau:

G oder **K**?  Kei-ge? Nein! Gei-ge? Ja! also: **G**eige.

1 Sprich die Wörter deutlich.
Welches Wort klingt am Anfang anders? Streiche es.

B oder **P**?	B uch	B irne	~~P insel~~	B aum

G oder **K**?	___abel	___esicht	___emüse	___ind

D oder **T**?	___isch	___ieb	___ose	___ach

2 Ergänze die passenden Buchstaben.

3 Sprich die markierten Wörter deutlich.
Streiche jeweils das falsche Wort.

Zugvögel *fliegen/flieken* im Herbst in den Süden.

Manche Vögel *bleipen/bleiben* im Winter hier.

Dann *finten/finden* sie weniger Nahrung.

Deshalb *geben/gepen* wir ihnen Futter.

4 Schreibe die Sätze richtig auf.

WB S. 14

Name: ______________ Datum: ______________

Wörter mit P/p, K/k und T/t

Manche Laute klingen ähnlich. Sprich sie deutlich und höre genau:

P oder **B**?  Bin-sel? Nein! Pin-sel? Ja! also: **P**insel.

1 Sprich die Wörter deutlich.
Welches Wort klingt am Anfang anders? Streiche es.

P oder **B**? P ony | P apier | ~~B esen~~ | P uppe

  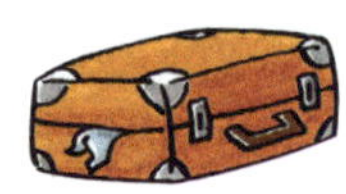 

K oder **G**? ___eschenk | ___atze | ___offer | ___erze

   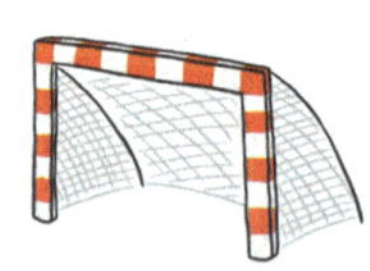

T oder **D**? ___afel | ___aumen | ___eller | ___or

2 Ergänze die passenden Buchstaben.

3 Sprecht die Wörter deutlich.

... hupen oder huben?

hupen!

p oder **b**?	hu___en	glau___en	schrei___en
k oder **g**?	sa___en	mö___en	qua___en
t oder **d**?	fin___en	ra___en	schnei___en

4 Ergänze die passenden Buchstaben.

 WB S. 15

Name: ____________________ Datum: __________

Wörter mit Sch/sch

Sprich Wörter mit **Sch/sch** deutlich.
Achte beim Schreiben auf den Laut nach Sch/sch:
Sch**l**ange, sch**m**ecken, sch**r**eiben.

○ **1** Ergänze **Schl-**, **Schm-**, **Schn-**, **Schr-** und **Schw-**.

 ________ange

 ________ecke

 ________etterling

 ________ein

 ________üssel

 ________ank

◒ **2** Setze Wörter aus Aufgabe 1 ein.

Der ________________ sitzt auf der Blume.

Die Kobra ist eine giftige ________________.

Der ________________ steckt im ________________.

Das ________________ grunzt im Stall.

◒ **3** Setze die Wörter passend ein.

| schneidet | schmeckt | schreibe | schwimmen |

Ich ________________ meiner Oma eine Karte.

Das Eis ________________ mir sehr gut.

Er ________________ ein buntes Bild aus.

Kannst du schon ________________?

○ **4** Markiere schm-, schn-, schr- und schw-.

Name: ______________________ Datum: ______________

Wörter mit St/st und Sp/sp

Hörst du am Anfang eines Wortes *scht* oder *schp*,
schreibst du St/st oder Sp/sp:

Schtern Stern

Schpinne Spinne.

○ **1** Sprich die Wörter deutlich.
Markiere St/st und Sp/sp.

der Stift	das Spiel	die Spinne	der Stiefel
staunen	spielen	sparen	stören

2 Schreibe die Wörter geordnet auf.

3 Übt die Wörter als Partnerdiktat.

B: S. 32 Nr. 2
St/st: der Stift, ...
Sp/sp: das Spiel, ...

○ **4** Markiere St/st und Sp/sp.

Starke Spinnen springen zum Spaß
in sprudelnde Springbrunnen.

Der Staubsauger spuckt ständig
stinkende Staubwolken.

Ein Specht und ein Spatz spazieren stolz
über eine Straße am Stadtrand.

5 Lest die Sätze schnell vor.

6 Suche Wörter mit **St/st** und **Sp/sp** in der Wörterliste.
Schreibe sie geordnet ab.

7 Schreibe Sätze mit den Wörtern.

WB S. 17

Name: ______________________ Datum: ____________

Wörter mit bl, br, dr, gl und gr

○ **1** Sprich die Wörter deutlich.
Markiere wie im Beispiel.

blau	bleiben	glauben
brauchen	braun	blicken
grau	drohen	grün
drei	bringen	drollig
gleich	graben	glücklich

○ **2** Schreibe die Wörter geordnet auf.

bl: ______________________

br: ______________________

dr: ______________________

gl: ______________________

gr: ______________________

◒ **3** Schreibe die Wörter mit **Bl**, **Br**, **Dr** und **Gl** auf.

 das ______________

 die ______________

 das ______________

 der ______________

Name: ______________ Datum: ______________

Wörter mit -e am Ende

Am Wortende kannst du **-e** schwer hören.
Schwinge die Silben und achte auf **-e** am Ende: Raup**e**, Wann**e**.

1 Markiere -e am Wortende.

Ente	Biene	Sache	Dusche	Erde

2 Sprich die Wörter deutlich. Setze die Silbenbögen.

3 Schreibe die Wörter.
Setze die Silbenbögen.
Markiere -e am Wortende.

die ______________

der ______________

die ______________

die ______________

die ______________

der ______________

4 Welche Wörter enden auf **-e**?
Schreibe vier Sätze.

Name: ______________________ Datum: ______________

Wörter mit -er am Ende

Am Wortende kannst du **-er** schwer hören.
Schwinge die Silben und achte auf **-er** am Ende: Wass**er**, Brud**er**.

○ **1** Markiere -er am Wortende.

Wetter	Hunger	Fieber	Fenster
Zimmer	Bruder	Schwester	Körper

○ **2** Sprich die Wörter deutlich.

○ **3** Schreibe die Wörter ab.

B: S. 35 Nr. 3
das Wetter, ...

◒ **4** Schreibe die Wörter.
Setze die Silbenbögen.
Markiere -er am Wortende.

der

die

der

die

das

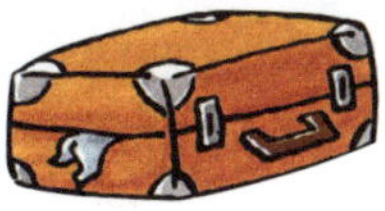
der

● **5** Suche weitere Wörter mit **-er** in der Wörterliste.
Schreibe Sätze mit den Wörtern.

Name: ______________________ Datum: ______________

Wörter mit -en und -el am Ende

Am Wortende kannst du **-en** und **-el** schwer hören.
Schwinge die Silben und achte auf **-en** und **-el** am Ende:
Regen, Apfel.

1 Markiere -en und -el am Wortende.

Besen	Ampel	Insel	Kissen	Onkel	Daumen
Amsel	Ferien	Faden	Mantel	Regen	Würfel

2 Sprich die Wörter deutlich.

3 Schreibe die Wörter geordnet auf.

B: S. 36 Nr. 3
-en: der Besen, ...
-el: die Ampel, ...

4 Ergänze **-en** oder **-el**.

der Drach____

der Apf____

der Kuch____

die Musch____

der Schlitt____

der Vog____

5 Schreibe Sätze mit den Wörtern aus Aufgabe 4 und 5.

B: S. 36 Nr. 5 z. B.
Wir essen einen Apfel.

essen	finden	backen	fahren	singen	fliegen

Name: ______________________ Datum: ______________

Wörter mit -e, -er, -en und -el am Ende

1 Schwinge die Wörter.
Markiere die Fehlerstellen mit einem Strich.

B r u d | r — Bruder

P i n s l

S p a t n

B l u m

2 Schreibe die Wörter auf. Markiere wie im Beispiel.

3 Schreibe Sätze mit den Wörtern.

4 Ergänze **-e**, **-er**, **-en** oder **-el**.

Kiss____	Hung____	Tant____	Eng____	Bien____	Schlitt____
End____	Eim____	Nud____	Dusch____	Gab____	Körp____

5 Ergänze **-e**, **-er**, **-en** oder **-el**.

Ich will mit meinem Brud____ einen Kuch____ backen.

Wir schneiden vier Äpf____ und eine Birn____ klein.

Dann geben wir Mehl, Zuck____ und Ei____ hinzu.

Wir rühren alles mit einem großen Löff____ um.

Der Kuch____ muss nun in den Of____.

Nach einer halben Stund____ ist er fertig.

WB S. 18

Name: ______________________ Datum: ______________

Strategien üben

1 Erklärt die markierten Stellen.
Was könnte schwierig sein?

Im Sommer
Heute ist es heiß.
Am Himmel schweben große Wolken.
Wird bald ein Gewitter kommen?
Alle rennen ins Haus.

2 Übt die schwierigen Wörter als Partnerdiktat.

3 Warum wird das Wort mit einem doppelten Mitlaut geschrieben?
Begründet.

Schlüssel

Sprechen – hören – schwingen

4 Erklärt das auch bei den Wörtern:

Klasse Butter wollen treffen

5 Ergänze die doppelten Mitlaute.
Setze die Silbenbögen.

a__ __e	die So__ __e	der Hi__ __el	das Gewi__ __er
der So__ __er	ko__ __en	re__ __en	schne__ __er
wi__ __en	fa__ __en	der Do__ __er	das We__ __er

6 Prüfe die Sätze mit der Tippkarte. Markiere die vier Fehler.
Schreibe die Sätze richtig auf.

Am Himel scheint die Sone. Ob ein Gewiter komt?

Name: ______________ Datum: ______________

Das kann ich schon

○ **1** Markiere die Selbstlaute und die Mitlaute.

A B C D E F G H I J K L M N O P Q R S T U V W X Y Z

○ **2** Ergänze die passenden Zwielaute.

der D____men

das F____er

das Kl____d

die B____le

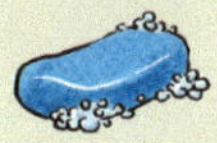
die S____fe

die M____s

○ **3** Markiere wie im Beispiel.

Fuß	Soße	Spaß	Strauß	Gruß
stoßen	beißen	fließen	schließlich	weiß

○ **4** Sprich die Wörter deutlich.
Setze **i** oder **ie** ein.

Br___f	St___fel	H___mmel
B___rne	St___ft	Apr___l
h___r	l___ben	w___nken
b___tten	br___ngen	l___gen
Z___mmer	D___nstag	s___ngen

Name: ______________________ Datum: ______________

Häufige Wörter

○ **1** Schreibe die Wörter ab.

die	die, die	
der	der	
das		
ich		
du		
er		
sie		
es		
wir		

◒ **2** Decke die Wörter nacheinander ab.
Schreibe sie auswendig daneben.

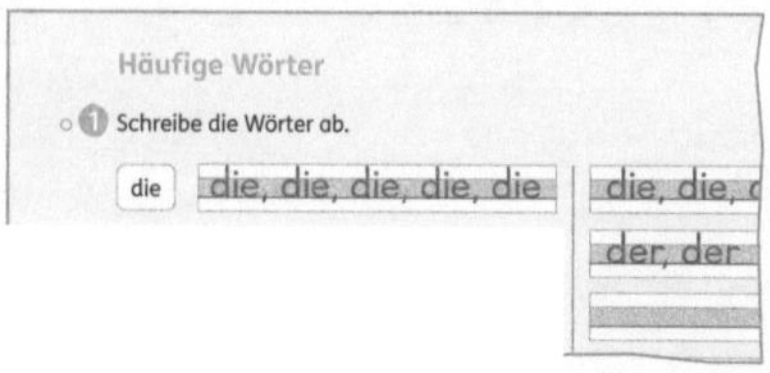

◒ **3** Übt die Wörter als Blitzdiktat.

◒ **4** Setze die Wörter aus Aufgabe 1 ein.

Ich heiße Lina. Mein Bruder heißt Tom.

_____ ist acht Jahre alt. _____ spielen im Garten.

Tom versteckt sich. Ich rufe: „Wo bist _____?“

Da kommt meine Freundin Alija. _____ spielt mit uns.

Uns macht _____ Spiel viel Freude. So vergessen wir _____ Zeit.

Auf einmal beginnt _____ zu regnen. Nun ist _____ Spaß vorbei.

Name: ______________________ Datum: ______________

Groß oder klein?

Nomen

Wörter für Menschen, Tiere, Pflanzen und Dinge sind **Nomen** (Namenwörter). Du musst sie großschreiben.

○ **1** Erzählt zu dem Bild. Findet passende Nomen.

2 Schreibe die Nomen in die richtige Zeile.

Vater	Vogel	Bank	Jacke	Kind	Schwein
Baum	Oma	Rose	Gras	Zaun	Katze

Menschen: Vater,

Tiere:

Pflanzen:

Dinge:

○ **3** Markiere die Anfangsbuchstaben der Nomen.

4 Welche Tiere leben noch auf einem Bauernhof?
Schreibe sie auf.

WB S. 19

Name: ______________________ Datum: ______________

Artikel

Nomen haben **Artikel** (Begleiter): **der**, **die**, **das** und **ein**, **eine**.
der Pinsel – **ein** Pinsel, **die** Kreide – **eine** Kreide, **das** Heft – **ein** Heft

1 Schreibe die Nomen mit ihren Artikeln auf.

Heft	das Heft – ein Heft
Lehrer	der –
Tafel	–
Klasse	–
Stift	–
Buch	–
Seite	–

2 Markiere der, die, das und ein, eine.

3 Markiere die neun Nomen.

LINEAL	SCHERE	HANDY
STEMPEL	DAS	FÜLLER
JUNGE	COMPUTER	IST
SCHULE	RICHTIG	COMIC

*Heißt es **der**, **die** oder **das Lineal**?*

4 Schreibe die Nomen mit ihren Artikeln auf.

B: S. 42 Nr. 4
das Lineal – ein Lineal

WB S. 20

Einzahl und Mehrzahl

Die meisten Nomen können in der **Einzahl** und in der **Mehrzahl** stehen:
der Fisch – die Fische, die Uhr – die Uhren, das Lied – die Lieder.

1 Schreibe die Nomen in der Mehrzahl auf.

	der Fisch		die Fische
	das Brot		die
	die Frau		
	die Hose		
	das Nest		
	der Stern		

2 Markiert die Artikel. Was fällt euch auf?

Nomen haben in der Mehrzahl immer den Artikel **die**:
der Fisch – **die** Fische, die Uhr – **die** Uhren, das Lied – **die** Lieder.

3 Markiere die neun Nomen.

ZEBRA	FLÖTE	DU	AMEISE
TANTE	KANNST	FREUND	HERZ
ES	GAST	LIED	FROSCH

4 Schreibe die Nomen mit der Mehrzahl auf.

B: S. 43 Nr. 4
das Zebra – die Zebras

Name: ________________ Datum: ____________

Nomen erkennen 1

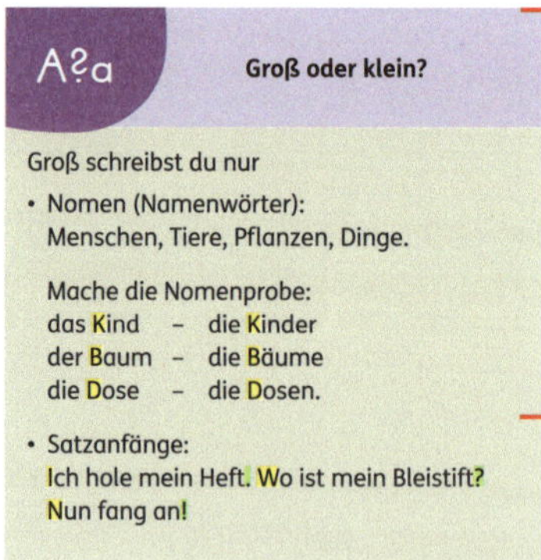
A?a Groß oder klein?

Groß schreibst du nur
- Nomen (Namenwörter): Menschen, Tiere, Pflanzen, Dinge.

Mache die Nomenprobe:
das Kind – die Kinder
der Baum – die Bäume
die Dose – die Dosen.

- Satzanfänge:
Ich hole mein Heft. Wo ist mein Bleistift? Nun fang an!

A?a **Groß oder klein?**

Groß schreibst du nur
- Nomen (Namenwörter):
  Menschen, Tiere, Pflanzen, Dinge.

  Mache die Nomenprobe:
  das Kind – die Kinder
  der Baum – die Bäume
  die Dose – die Dosen.

1 Prüfe die Wörter mit der Nomenprobe.
Markiere wie im Beispiel.

Was ist es?	Nomenprobe
KÖNIG ☒ Mensch ☐ Tier ☐ Pflanze ☐ Ding	der König – die Könige
BLÜTE ☐ Mensch ☐ Tier ☐ Pflanze ☐ Ding	die –
SCHAF ☐ Mensch ☐ Tier ☐ Pflanze ☐ Ding	–
AMPEL ☐ Mensch ☐ Tier ☐ Pflanze ☐ Ding	–

Name: ______________________ Datum: ______________

Nomen erkennen 2

1 Prüfe die Wörter mit der Nomenprobe.
Zwei Wörter sind keine Nomen. Streiche sie durch.

AUTO	das Auto – die Autos
RING	der –
LEISE	–
WIESE	–
MAMA	–
BLEIBT	–
CHEF	–
FUCHS	–

2 Markiere die Anfangsbuchstaben der Nomen.

3 Unterstreiche in jeder Zeile das Nomen.
Schreibe es mit Artikel daneben.

Das Messer ist scharf.	das Messer
Gibst du mir das Pflaster?	das
Der Teller ist schmutzig.	
Wo ist der Löffel?	

4 Schreibe die Nomen mit der Mehrzahl auf.

B: S. 45 Nr. 4
das Messer – die Messer

5 Was fällt euch bei der Mehrzahl auf?

Name: ______________________ Datum: ______________

Satzanfänge und Satzzeichen

Das Wort am **Satzanfang** schreibst du immer groß.
Am Satzende stehen **Satzzeichen**: **. ? !**
Beim Vorlesen machst du hier eine Pause.

1 Welchen Text könnt ihr besser lesen? Kreuzt an und begründet.

☐ Die Kinder warten an der roten Ampel die Ampel wird grün nun können alle über die Straße gehen

☐ Die Kinder warten an der roten Ampel. Die Ampel wird grün. Nun können alle über die Straße gehen.

2 Markiere im rechten Text die Satzanfänge und die Satzzeichen.

---

3 Wo macht ihr beim Vorlesen eine Pause?
Ergänzt an fünf Stellen einen Punkt.

Die Sonne scheint. Heute wird ein schöner Tag Die Kinder wollen mit dem Fahrrad zur Eisdiele fahren Sie treffen sich um drei Uhr am Spielplatz Von dort fahren sie gemeinsam weiter Franz ist schon da

---

4 Ergänze die Satzanfänge.

PLÖTZLICH | FRANZ | PASS | OB | ZUM

Franz schiebt sein Fahrrad über die Straße.

________ die Autos anhalten werden?

____________ rast ein Auto über die rote Ampel.

________ Glück ist nichts passiert. ________ trotzdem immer auf!

5 Markiere die Satzanfänge und die Satzzeichen.

WB S. 22

Name: ______________________ Datum: ______________

Satzart: Aussagesatz

Die meisten Sätze sind **Aussagesätze**. Mit ihnen erzählst du etwas. Nach einem Aussagesatz steht ein **Punkt**.

1 Schreibe Sätze. Setze am Satzende einen Punkt.

die Schwestern	Karten	spielen

____

Bücher	drei Kinder	lesen

____

fängt	einen Ball	der Hund

____

2 Markiere die Satzanfänge und die Punkte.

3 Was machst du nach der Schule?
Schreibe Aussagesätze.
Markiere die Satzanfänge und die Punkte.

WB S. 23

Name: ______________________ Datum: ____________

Satzart: Fragesatz

Mit **Fragesätzen** erfragst du etwas.
Viele Fragesätze beginnen mit **Fragewörtern: Wer …? Was …? Wie …?**
Am Ende steht ein **Fragezeichen.**
Hier hebst du beim Vorlesen meist die Stimme.

○ **1** Markiere die Satzanfänge und die Fragezeichen.

Wer hat in der Pause mit dir gespielt?

Was habt ihr im Unterricht gemacht?

Welche Hausaufgaben haben wir auf?

Wie kann ich diese Aufgabe lösen?

◒ **2** Lest die Fragesätze mit passender Betonung vor.

◒ **3** Ergänze die Fragewörter und die Fragezeichen.

warum	wann	wo	wer	wie

__________ warst du nicht in der Schule ___

__________ hat dich zum Arzt begleitet ___

__________ geht es dir jetzt ___

__________ hast du Schmerzen ___

__________ darfst du wieder aufstehen ___

○ **4** Markiere die Satzanfänge und die Fragezeichen.

● **5** Schreibe Fragesätze.

B: S. 48 Nr. 5 z. B.
Was liest du am liebsten?

○ **6** Beantwortet gegenseitig eure Fragen.

Name: ______________ Datum: ______________

Satzart: Aufforderungssatz

Nach **Ausrufen** setzt du ein **Ausrufezeichen**: Hilfe!
Auch nach einer **Aufforderung** steht ein Ausrufezeichen: Pass auf!
Diese Sätze sprichst du bestimmt und mit fester Stimme.

○ **1** Ordne die Ausrufe zu.

1 

2 

3 

Feuer!	
Aua!	
Hurra!	

◒ **2** Schreibe Aufforderungssätze.

packen | deine Tasche

____

zum Bus | rennen

____

die Aufgabe | rechnen

____

○ **3** Markiere die Satzanfänge und die Ausrufezeichen.

● **4** Schreibe Aufforderungssätze.
Markiere die Satzanfänge und die Ausrufezeichen.

WB S. 25

A?a

Name: ____________________ Datum: ____________

Satzarten üben 1

A?a Groß oder klein?

Groß schreibst du nur
- Nomen (Namenwörter): Menschen, Tiere, Pflanzen, Dinge.

  Mache die Nomenprobe:
  das Kind – die Kinder
  der Baum – die Bäume
  die Dose – die Dosen.
- Satzanfänge:
  Ich hole mein Heft. Wo ist mein Bleistift?
  Nun fang an!

- Satzanfänge:
  Ich hole mein Heft. Wo ist mein Bleistift?
  Nun fang an!

1 Markiere die Satzzeichen.
Verbinde mit der richtigen Satzart.

Tims Mama schimpft.	Aufforderungssatz
Warum schimpft Tims Mama?	Fragesatz
Tim, räum endlich auf!	Aussagesatz

2 Lest die Sätze mit passender Betonung vor.

3 Ergänze die Satzanfänge und die Satzzeichen.
Kreuze die richtige Satzart an.

Wann gehen wir schwimmen__

☐ Aussagesatz
☐ Fragesatz
☐ Aufforderungssatz

__ch packe noch meine Tasche__

☐ Aussagesatz
☐ Fragesatz
☐ Aufforderungssatz

__omm jetzt__

☐ Aussagesatz
☐ Fragesatz
☐ Aufforderungssatz

Satzarten üben 2

1 Verbessere die Satzanfänge. Ergänze die Satzzeichen.

M
maria hat Geburtstag__

sie wird acht Jahre alt__

auf dem Tisch liegt ein Geschenk__

was wohl in dem Paket ist__

es ist ein Puppenhaus__ hurra__

dann kommen die Gäste__

2 Schreibe den Text richtig ab.
Markiere die Satzanfänge und die Satzzeichen.

3 Verbinde zu Sätzen.

I ihre Freundin Sina	dir gewünscht__
sie schenkt	und puste ganz fest__
auf dem Kuchen	brennen acht Kerzen__
hol genug Luft	Maria ein Freundebuch__
was hast du	kommt zuerst__

4 Verbessere die Satzanfänge. Ergänze die Satzzeichen.

5 Schreibe die Sätze richtig auf.

6 Markiere die Satzanfänge und die Satzzeichen.

Name: ______________ Datum: ______________

Strategien üben

1 Erklärt die markierten Stellen.
Was könnte schwierig sein?

Auf dem Markt
Ben und seine Schwester kaufen Gemüse,
Käse und Eier. Der Verkäufer schenkt
den Kindern Kirschen. Lecker!

2 Übt die schwierigen Wörter als Partnerdiktat.

---

3 Warum wird das Wort am Anfang großgeschrieben?
Begründet.

Pinsel

A?a Groß oder klein?

4 Erklärt das auch bei den Wörtern:

Rose | Hut | Mutter | Rabe

---

5 Prüfe die Wörter mit der Nomenprobe. Markiere die Nomen.
Schreibe sie mit der Einzahl und Mehrzahl auf.

FÄNGT | STEIN

SCHAF | WARM

---

6 Prüfe den Satz mit der Tippkarte. Markiere die fünf Fehler.
Schreibe den Satz richtig auf.

Ben und seine schwester kaufen auf dem markt
gemüse, käse und eier.

Klett Diagnostik

Name: ______________ Datum: ______________

Das kann ich schon

1 Schreibe die Nomen mit ihren Artikeln auf.
Markiere der, die, das und ein, eine.

KUCHEN ____ – ____

BUTTER ____ – ____

EI ____ – ____

2 Bestimme: Einzahl oder Mehrzahl?

die Gläser	Mehrzahl	der Apfel	
der Topf		die Brote	
die Säfte		das Eis	

3 Setze passende Fragewörter ein.

__________ steht der Zucker?

__________ heiß muss der Ofen sein?

__________ sind die Kekse endlich fertig?

4 Ergänze die Satzzeichen. Verbinde mit der richtigen Satzart.

Wer backt mit mir Pizza ___	Aufforderungssatz
Lasst uns gleich anfangen ___	Fragesatz
Zuerst kneten wir den Teig ___	Aussagesatz

Name: ______________________ Datum: ____________

Häufige Wörter

○ **1** Schreibe die Wörter ab.

in	in, in	
ins	ins	
und		
ein		
was		
wer		
wie		
wann		
warum		
wo		

◒ **2** Decke die Wörter nacheinander ab.
Schreibe sie auswendig daneben.

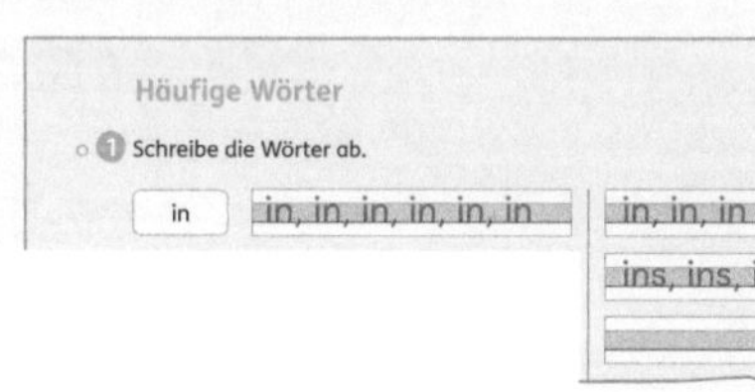

◒ **3** Übt die Wörter als Blitzdiktat.

◒ **4** Setze Wörter aus Aufgabe 1 ein.

__________ hat Franz heute vor? Er möchte __________ Bad nehmen.

Er springt schnell __________ der Blitz __________ die Badewanne.

__________ ist nur seine Badeente? Er guckt __________ Körbchen.

__________ hat er zuletzt gebadet? __________ ist die Ente nicht da?

__________ hat sie versteckt?

Name: ______________________ Datum: ____________

Verlängern

Nomen verlängern 1

Hörst du am Ende eines Wortes **p**, **k** oder **t**,
dann verlängere es. Bei Nomen bildest du die Mehrzahl:

ein Kin$\frac{d}{t}$? – viele Kinder,   also: ein Kin**d**.

1 Verlängere die Nomen.
Schreibe wie im Beispiel.

	Kin$\frac{d}{t}$	– viele	Kinder	, also: ein Kind
	Ber$\frac{g}{k}$	– viele	________	, also: ________
	Klei$\frac{d}{t}$	– viele	________	, also: ________
	Die$\frac{b}{p}$	– viele	________	, also: ________
	Hun$\frac{d}{t}$	– viele	________	, also: ________
	We$\frac{g}{k}$	– viele	________	, also: ________
	Sie$\frac{b}{p}$	– viele	________	, also: ________
	Ta$\frac{g}{k}$	– viele	________	, also: ________
	Käfi$\frac{g}{k}$	– viele	________	, also: ________

Name: ______________________ Datum: ______________

Nomen verlängern 2

1 Verlängert die Nomen.

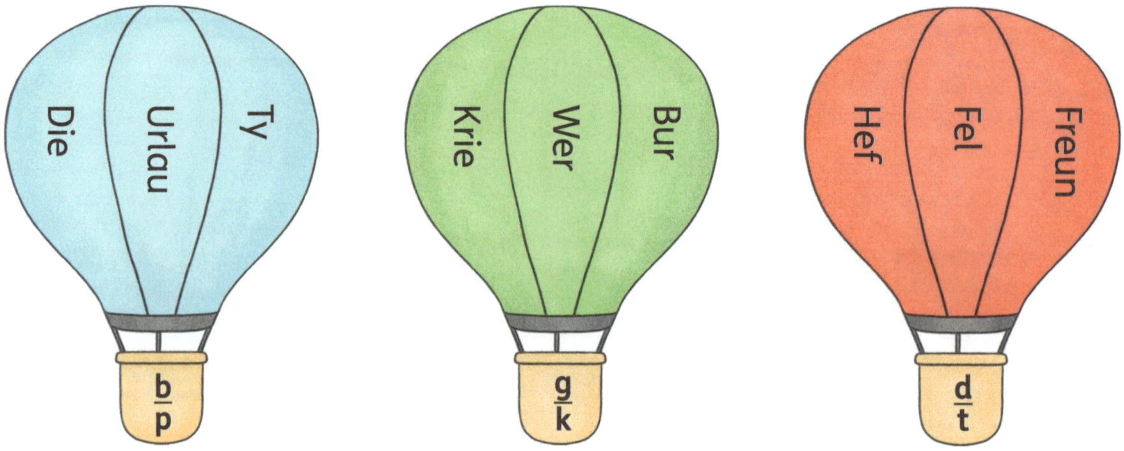

2 Schreibe die Nomen auf.

B: S. 56 Nr. 2
viele Diebe – ein Dieb

3 Ergänze die richtigen Buchstaben.

b/p	viele Stä___e – ein Sta___	viele Kör___e – ein Kor___
g/k	viele Zü___e – ein Zu___	viele Bän___e – eine Ban___
d/t	viele Mün___er – ein Mun___	viele Säf___e – ein Saf___

4 Übt die Wörter als Partnerdiktat.

5 Markiere die richtigen Buchstaben.

Das Kin d/t steht vor einem Schil d/t.

Im Wal d/t wohnt ein Zwer g/k.

Am We g/k grast ein Kal b/p.

B: S. 56 Nr. 6
Das Kind steht ...

6 Schreibe die Sätze richtig auf.

Name: ______________________ Datum: ______________

Nomen verlängern 3

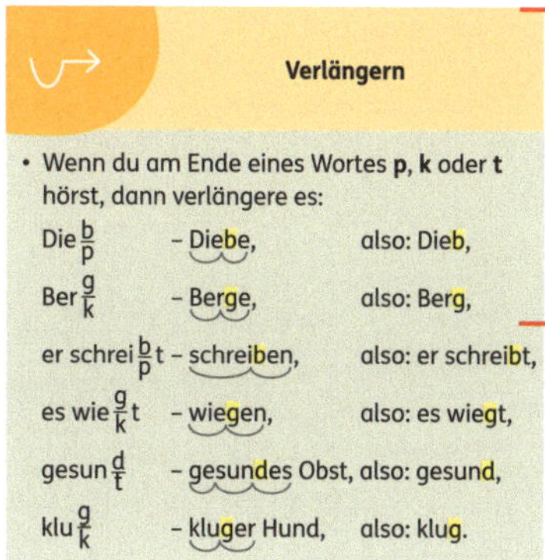
Verlängern

- Wenn du am Ende eines Wortes **p**, **k** oder **t** hörst, dann verlängere es:

Die $\frac{b}{p}$ – Diebe, also: Dieb,
Ber $\frac{g}{k}$ – Berge, also: Berg,
er schrei $\frac{b}{p}$ t – schreiben, also: er schreibt,
es wie $\frac{g}{k}$ t – wiegen, also: es wiegt,
gesun $\frac{d}{t}$ – gesundes Obst, also: gesund,
klu $\frac{g}{k}$ – kluger Hund, also: klug.

Verlängern

- Wenn du am Ende eines Wortes **p**, **k** oder **t** hörst, dann verlängere es:

Die $\frac{b}{p}$	– Diebe,	also: Dieb,
Ber $\frac{g}{k}$	– Berge,	also: Berg,

1 Verlängere die Nomen.
Markiere die richtigen Buchstaben.

Ein Elefan $\frac{d}{t}$ lag faul am Stran $\frac{d}{t}$.
Da kam ein rotes Pfer $\frac{d}{t}$ vorbei,
gab ihm die Han $\frac{d}{t}$ und fragte frei:
„Willst du in den Urlau $\frac{b}{p}$ reisen
und täglich wie ein Köni $\frac{g}{k}$ speisen?“
Der Elefant nahm seinen Hu $\frac{d}{t}$:
„Dein Vorschla $\frac{g}{k}$, der klingt wirklich gut.“

Karin Schramm

2 Schreibe den Text richtig auf.

B: S. 57 Nr. 2
Ein Elefant lag ...

3 Ergänze die fehlenden Wörter.

Der  ______________ fasst den  ______________.

Auf dem  ______________ liegt ein  ______________.

Das  ______________ isst gerne  ______________.

Name: ______________________ Datum: ______________

Verben

Verben (Tunwörter) beschreiben, was Menschen, Tiere, Pflanzen und Dinge tun: **springen**, **fressen**, **blühen**, **fallen**.

○ **1** Was machen die Kinder? Ordne die Verben zu.

weinen | kochen | winken | essen | malen

lesen | schwimmen | schneiden | schlafen

schwimmen

____

____

____

____

____

____

____

____

○ **2** Markiere die Endungen.

○ **3** Spielt euch abwechselnd eine Tätigkeit vor. Erratet sie.

WB S. 27 Klett Diagnostik

Name: ______________________ Datum: ____________

Verben in der Grundform

Verben haben eine **Grundform**.
Die Grundform endet meist auf **-en**: sag**en**, tanz**en**.

1 Unterstreiche die Verben.

Ina schreibt einen Text über Zebras.
Jan sucht Bilder im Internet.
Arda hört ein Hörspiel.
Franz malt ein Bild von sich.
Ben zeigt auf das schöne Plakat.

2 Ergänze die Verben aus dem Text.
Bilde die Grundformen.

Wer tut was?	Grundformen
Ina schreibt.	schreiben
Jan ______.	
Arda ______.	
Franz ______.	
Ben ______.	

3 Markiere die Endungen der Grundformen.

4 Bilde die Grundformen. Markiere die Endungen.

du rufst – rufen

ich fange – ______

ihr braucht – ______

er findet – ______

sie rennt – ______

es soll – ______

WB S. 27 Klett Diagnostik

Name: ______________________ Datum: ______________

Verben verändern sich 1

Verben können ihre Form verändern.
Dann stehen sie in einer **Personalform**.
Achte auf die **Endungen**:

ich mal**e**	du mal**st**	er/sie/es mal**t**
wir mal**en**	ihr mal**t**	sie mal**en**.

1 Ergänze die Tabelle.

	sagen	denken	rennen
ich	sage		
du			
er/sie/es			
wir			
ihr			
sie			

2 Markiere die Endungen.

3 Setze die Verben passend ein.

bauen | baue | baust | baut | baut

Franz baut einen Turm. Ich __________ lieber eine Brücke. Papa und Emil __________ ein Haus. Ihr __________ aber hoch! Warum __________ du nicht mit?

4 Markiere die Endungen.

Name: ____________ Datum: ____________

Verben verändern sich 2

1 Ergänze die Tabelle.

Grundform	Personalformen	
arbeiten	ich arbeite	er arbeitet
flieg	wir	es
kauf	du	ihr
leb	ihr	ich
red	sie	er
wart	ich	wir
turn	du	sie

2 Markiere die Endungen.

3 Schreibt ich, du, er/sie/es, wir, ihr, sie auf Karten.
Schreibt zehn Verben in der Grundform auf weitere Karten.
Spielt das Spiel.

Name: ______________________ Datum: ______________

Verben verlängern 1

Verben verlängerst du, indem du die Grundform bildest:

er blei$\frac{b}{p}$t? – bleiben, also: er blei**b**t.

1 Verlängere die Verben. Schreibe wie im Beispiel.

er blei$\frac{b}{p}$t – bleiben, also: er bleibt

es flie$\frac{g}{k}$t – ______________, also: ______________

du le$\frac{b}{p}$st – ______________, also: ______________

er qua$\frac{g}{k}$t – ______________, also: ______________

sie zei$\frac{g}{k}$t – ______________, also: ______________

du häl$\frac{d}{t}$st – ______________, also: ______________

ihr mö$\frac{g}{k}$t – ______________, also: ______________

sie kle$\frac{b}{p}$t – ______________, also: ______________

du rä$\frac{d}{t}$st – ______________, also: ______________

2 Welcher Satz ist richtig? Erklärt und kreuzt an.

☐ Das Kint singt ein Lied. ☐ Das Kind singt ein Liet.

☐ Das Kind sinkt ein Lied. ☐ Das Kind singt ein Lied.

WB S. 29 Klett Diagnostik

Name: ______________________ Datum: ______________

Verben verlängern 2

Verlängern

- Wenn du am Ende eines Wortes **p**, **k** oder **t** hörst, dann verlängere es:

Die$\frac{b}{p}$	– Diebe,	also: Dieb,
Ber$\frac{g}{k}$	– Berge,	also: Berg,
er schrei$\frac{b}{p}$t	– schreiben,	also: er schreibt,
es wie$\frac{g}{k}$t	– wiegen,	also: es wiegt,
gesun$\frac{d}{t}$	– gesundes Obst,	also: gesund,
klu$\frac{g}{k}$	– kluger Hund,	also: klug.

er schrei$\frac{b}{p}$t	– schreiben,	also: er schreibt,
es wie$\frac{g}{k}$t	– wiegen,	also: es wiegt,

1 Verlängere die Verben.
Markiere die richtigen Buchstaben.

ihr ü$\frac{b}{p}$t	du fra$\frac{g}{k}$st	ihr pfle$\frac{g}{k}$t	er schrei$\frac{b}{p}$t
er glau$\frac{b}{p}$t	es le$\frac{g}{k}$t	sie he$\frac{b}{p}$t	ihr tra$\frac{g}{k}$t

B: S. 63 Nr. 2 z. B.
Ihr übt für einen Test.

2 Bilde Sätze mit den Verben.

3 Verlängere die Verben.
Markiere die richtigen Buchstaben.

Der Löwe lie$\frac{g}{k}$t in der Sonne.

Der Elefant schie$\frac{b}{p}$t einen Ast zur Seite.

Das Kaninchen blei$\frac{b}{p}$t in seinem Bau.

Der Schmetterling flie$\frac{g}{k}$t von Blüte zu Blüte.

Der Pandabär lie$\frac{b}{p}$t Bambus.

B: S. 63 Nr. 4
Der Löwe liegt ...

4 Schreibe den Text richtig auf.

Name: ______________________ Datum: ____________

Adjektive

Adjektive (Wiewörter) beschreiben, wie Lebewesen oder Dinge sind: Das Kind ist **lieb**. Die Sonne ist **hell**. Die Maus ist **klein**.

○ **1** Welchen Gegenstand beschreibt Franz? ____________________

○ **2** Spielt das Spiel: „Ich sehe was, was du nicht siehst“. Verwendet viele Adjektive.

rund	rot	weiß	blau	dick
braun	lang	gelb	klein	grün
weich	bunt	gestreift	eckig	schön

3 Schreibe Sätze zu den Gegenständen. Unterstreiche die Adjektive.

B: S. 64 Nr. 3 z. B.
Der Ball ist rund und gelb.

WB S. 30 Klett Diagnostik

Name: ______________________ Datum: ______________

Adjektive verändern sich 1

Vor Nomen bekommen Adjektive eine **Endung**:
eine groß**e** Tür, ein gelb**er** Ball, ein neu**es** Haus.

1 Ergänze **-e**, **-er** oder **-es**.

blau  ein blau er Wal

weiß  ein weiß___ Schaf

grün  eine grün___ Raupe

braun  ein braun___ Hase

2 Markiere die Endungen.

3 Bilde Wortgruppen wie im Beispiel.

laut
ein Knall – ein lauter Knall
ein Auto – ______________________

klein
ein Haus – ______________________
eine Katze – ______________________

neu
ein Schüler – ______________________
eine Hose – ______________________

lang
ein Schal – ______________________
ein Wort – ______________________

4 Markiere die Endungen.

WB S. 30 Klett Diagnostik

Name: ______________________ Datum: ______________

Adjektive verändern sich 2

1 Unterstreiche die Adjektive.

Im Wald lebt ein alter Zwerg.

Er trägt einen spitzen Hut.

Sein grauer Bart hängt bis zum Bauch.

Der Zwerg nimmt ein warmes Bad.

Am Abend schläft er in seinem weichen Bett.

2 Markiere die Endungen.

3 Setze die Adjektive passend ein.

Dornröschen war ein (kurz / schön / lustig) ______________ Kind.

Ein (böse / laut / alt) ______________ Fluch lag auf ihm.

Es stach sich an einer (klein / stumpf / spitz) ______________ Spindel.

Dornröschen fiel in einen (kurz / lang / hart) ______________ Schlaf.

4 Markiere die Endungen.

5 Suche weitere Adjektive in der Wörterliste. Schreibe Sätze.

B: S. 66 Nr. 5 z. B.
Der blaue Koffer ...

Name: ____________________ Datum: ____________

Adjektive verlängern 1

Adjektive verlängerst du, indem du sie vor ein Nomen setzt:

klu$\frac{g}{k}$? – ein kluger Affe, also: klug.

1 Verlängere die Adjektive. Schreibe wie im Beispiel.

klu$\frac{g}{k}$	– ein	kluger	Affe,	also: klug
muti$\frac{g}{k}$	– ein	______	Hund,	also: ______
lau$\frac{d}{t}$	– eine	______	Musik,	also: ______
star$\frac{g}{k}$	– ein	______	Tier,	also: ______
frem$\frac{d}{t}$	– eine	______	Katze,	also: ______
gesun$\frac{d}{t}$	– ein	______	Apfel,	also: ______
leich$\frac{d}{t}$	– eine	______	Feder,	also: ______
tau$\frac{b}{p}$	– ein	______	Mann,	also: ______
schrä$\frac{g}{k}$	– ein	______	Vogel,	also: ______

2 Welcher Satz ist richtig? Erklärt und kreuzt an.

- [ ] Das Paket ist breit und gelp.
- [ ] Das Paked ist breit und gelb.
- [ ] Das Paket ist breit und gelb.
- [ ] Das Paket ist breid und gelb.

Name: ____________________ Datum: ____________

Adjektive verlängern 2

Verlängern

- Wenn du am Ende eines Wortes **p**, **k** oder **t** hörst, dann verlängere es:

Die b/p	– Diebe,	also: Dieb,
Ber g/k	– Berge,	also: Berg,
er schrei b/p t	– schreiben,	also: er schreibt,
es wie g/k t	– wiegen,	also: es wiegt,
gesun d/t	– gesundes Obst,	also: gesund,
klu g/k	– kluger Hund,	also: klug.

gesun d/t	– gesundes Obst,	also: gesund,
klu g/k	– kluger Hund,	also: klug.

1 Bilde Wortgruppen wie im Beispiel.

lie b/p  ein lieber Brief

wil d/t  ____________________

har d/t  ____________________

wei d/t  ____________________

2 Beschreibe das Ungeheuer mit den Adjektiven.
Markiere die richtigen Buchstaben.

brei d/t   run d/t   ro d/t   gel b/p

Unser Ungeheuer

Der Kopf ist breit.

Die Augen sind ____________.

Die Haare ____________.

Die Ohren ____________.

Name: ______________ Datum: ______________

Strategien üben

1 Erklärt die markierten Stellen.
Was könnte schwierig sein?

Beim Tennis
Lena übt jeden Tag.
Sie schlägt viele Bälle über das Netz.
Die Bälle sind rund und gelb.
Danach legt sie die Bälle in den Korb.

2 Übt die schwierigen Wörter als Partnerdiktat.

3 Warum wird das Wort mit **d** geschrieben, obwohl man **t** hört?
Begründet.

Hun**d**

Verlängern

4 Erklärt das auch bei den Wörtern:

Kind | Lied | wild | gesund

5 Verlängere die Wörter. Schreibe sie auf.
Markiere die richtigen Buchstaben.

der Ta$\frac{g}{k}$ – ______________ sie ü$\frac{b}{p}$t – ______________

es schlä$\frac{g}{k}$t – ______________ der Kor$\frac{b}{p}$ – ______________

6 Prüfe die Sätze mit der Tippkarte. Markiere die vier Fehler.
Schreibe die Sätze richtig auf.

Lena lekt die Bälle in den Korp. Sie sind runt und gelp.

Name: ______________________ Datum: ______________

Das kann ich schon

1 Markiere die Grundformen.

du gehst	singen	rufen	er tanzt
wünschen	ihr turnt	es zieht	fragen
er wäscht	leben	haben	du lachst

2 Bilde aus den Grundformen die Ich-Formen.

ich singe,

3 Schreibe sechs Adjektive zum Bild auf.

4 Unterstreiche Nomen, Verben und Adjektive.

Das schnelle Auto rast.

Die neue Schülerin winkt.

Der blonde Junge lacht.

Ein junges Pferd trabt.

Eine weiße Taube fliegt.

Das schlaue Zebra rechnet.

Ein grüner Frosch quakt.

Die rote Schleife hält.

Name: ____________________ Datum: ____________

Häufige Wörter

○ **1** Schreibe die Wörter ab.

ob	ob, ob	
im	im	
für		
bis		
so		
oder		
nein		
uns		
mich		
weiter		

◒ **2** Decke die Wörter nacheinander ab.
Schreibe sie auswendig daneben.

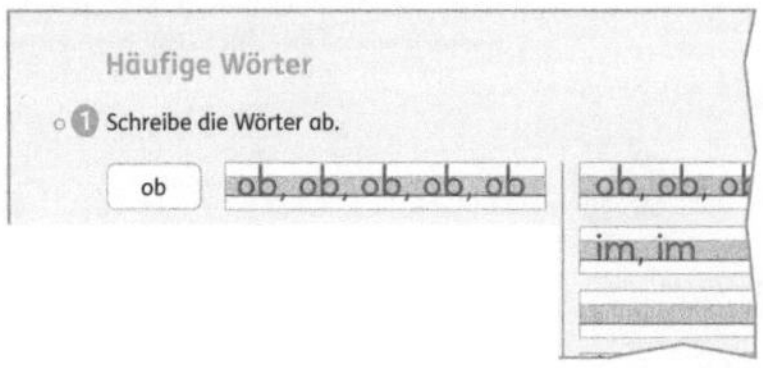
Häufige Wörter

○ 1 Schreibe die Wörter ab.

ob	ob, ob, ob, ob, ob	ob, ob, ob
		im, im

◒ **3** Übt die Wörter als Blitzdiktat.

◒ **4** Setze Wörter aus Aufgabe 1 ein.

Heute treffe ich Clara und Nick __________ Wald. Ich freue __________ schon __________ sehr. Wir bauen an unserem Baumhaus __________. Nick bringt Getränke __________ __________ mit. Er fragt, __________ wir Saft __________ Tee möchten. Wir bleiben dort __________ zum Abend.

Name: ______________________ Datum: ______________

Wortbausteine

Zusammengesetzte Nomen 1

Nomen kannst du **zusammensetzen**:
der **Vogel**, das **Haus** → das **Vogelhaus**.

Mit zusammengesetzten Nomen kannst du Dinge genauer beschreiben. Der **Artikel** richtet sich nach dem **zweiten Nomen**.

○ **1** Schreibe die passenden Nomen auf.

Vogelhaus
Baumhaus

Vogelhaus

Seilbahn
Eisenbahn

Schneeball
Fußball

Schulbuch
Bilderbuch
Kochbuch

Spielkarte
Postkarte
Landkarte

Apfelbaum
Tannenbaum
Nussbaum

◒ **2** Bilde zusammengesetzte Nomen. Markiere wie im Beispiel.

die Karten
der Computer
der Würfel
der Detektiv

das Spiel

das Kartenspiel

◒ **3** Schreibe Sätze mit den Wörtern.

WB S. 32 Klett Diagnostik

Name: ______________ Datum: ______________

Zusammengesetzte Nomen 2

1 Bilde zusammengesetzte Nomen.
Markiere wie im Beispiel.

das Spiel	das Auto	das Spielauto
	der Platz	
	die Uhr	
	das Zeug	

Wortbausteine

- Zusammengesetzte Nomen:
  der Honig, das Glas → das Honigglas.
- Wörter mit einem gemeinsamen Wortstamm gehören zu einer Wortfamilie:
  abschreiben, er schreibt, das Schreibheft.
- Achte bei Nomen, Verben und Adjektiven auf die Endungen:
  Ich kaufe gelbe Stifte.
- Achte auf Vorbausteine und Nachbausteine:
  aufschreiben, verkaufen, Stühlchen, Zwerglein.

Wortbausteine

- Zusammengesetzte Nomen:
  der Honig, das Glas → das Honigglas.

2 Bilde zusammengesetzte Nomen.
Markiere wie im Beispiel.

der Honig	das Glas	das Honigglas
der Sommer	der Regen	
der Schlüssel	das Loch	
das Telefon	die Nummer	
das Haus	der Schuh	

3 Was fällt euch bei den markierten Buchstaben auf?

Name: ______________________ Datum: ______________

Wortstämme 1

Wortbausteine

- Zusammengesetzte Nomen:
  der Honig, das Glas → das Honigglas.
- Wörter mit einem gemeinsamen Wortstamm gehören zu einer Wortfamilie:
  abschreiben, er schreibt, das Schreibheft.
- Achte bei Nomen, Verben und Adjektiven auf die Endungen:
  Ich kaufe gelbe Stifte.
- Achte auf Vorbausteine und Nachbausteine:
  aufschreiben, verkaufen, Stühlchen, Zwerglein.

- Wörter mit einem gemeinsamen Wortstamm gehören zu einer Wortfamilie:
  abschreiben, er schreibt, das Schreibheft.

1 Umrahme den gemeinsamen Wortstamm.

Schreibheft	abschreiben	er schreibt	Schreibtisch
unterschreiben	Schreibschrift	Beschreibung	aufschreiben

2 Umrahme jeweils den gemeinsamen Wortstamm gleich.
Ordne die Wörter zu.

das Kaufhaus	ich fliege	einkaufen	abfliegen
die Fliege	der Verkäufer	sie kauft	der Fliegenpilz

kaufen	fliegen

3 Schreibe Wörter aus der Wortfamilie **bauen** auf.

B: S. 74 Nr. 3 z. B.
bauen: aufbauen, ...

Klett Diagnostik

Name: ______________ Datum: ______________

Wortstämme 2

Wörter verschiedener Wortarten können den gleichen **Wortstamm** haben. Sie werden ähnlich geschrieben:
Liebe, **Lieb**lingstier, ver**lieb**en, **lieb**.

1 Umrahme jeweils den gemeinsamen Wortstamm.

Spiel	verspielt	abspielen
schön	verschönern	Schönheit
ausmalen	Maler	malerisch
Ruhe	ausruhen	ruhig

2 Schreibe die Wörter geordnet auf.

B: S. 75 Nr. 2

Nomen	Verben	Adjektive
Spiel	abspielen	verspielt

3 Welche Wörter gehören zur Wortfamilie **baden**?
Umrahme den gemeinsamen Wortstamm.

Badewanne	Schaumbad	nass
schaumig	Bademantel	Sauna
duschen	Schwimmbad	gebadet
Badeente	ausbaden	beladen

4 Schreibe die Wörter aus der Wortfamilie **baden** auf.

5 Schreibe Wörter aus der Wortfamilie **kleben** auf.

B: S. 75 Nr. 5 z. B.
kleben: Klebestift, ...

WB S. 33 Klett Diagnostik

Name: ____________________ Datum: ____________

Endungen von Nomen

Nomen haben einen **Wortstamm**.
Manchmal haben sie auch eine **Endung**:
ein Tisch – viele Tisch**e**, ein Tänzer – die Tänzer**in**.

1 Umrahme jeweils den gemeinsamen Wortstamm.

Freundin	–	Freund	Ziegen	–	Ziege
Kreis	–	Kreise	Lehrer	–	Lehrerin

2 Markiere die Endungen.

3 Schreibe die Nomen in der Mehrzahl auf.

das Schaf – die Schafe

die Nadel –

die Tür –

4 Markiere die Endungen.

5 Setze die Nomen passend ein.

Hut | Hose | Kind | Schuh | Nase

Die Kinder verkleiden sich als Clowns.
Ihre roten __________ sind rund und dick.
Ihre __________ sind bunt. Die __________
sind viel zu groß und ihre __________ sind zu kurz.

6 Markiere die Endungen.

WB S. 34

Name: ______________________ Datum: ______________

Endungen von Verben

Verben haben einen **Wortstamm** und eine **Endung**:

ich kauf**e**	wir kauf**en**
du kauf**st**	ihr kauf**t**
er/sie/es kauf**t**	sie kauf**en**.

○ **1** Bilde die Personalformen von **lernen**.
Markiere die Endungen.

	Wortstamm	Endung	
ich	lern	-e	ich lerne
du		-st	du
er/sie/es		-t	er/sie/es
wir		-en	wir
ihr		-t	ihr
sie		-en	sie

◒ **2** Setze die Verben passend ein.
Markiere die Endungen.

kicken | baden | kriechen | liegen

Wir kriechen durch den Tunnel.

Ella und Joris ______________ im See.

Emma ______________ den Ball ins Tor.

______________ du gern in der Hängematte?

● **3** Was machst du gern? Schreibe Sätze.

B: S. 77 Nr. 3 z. B.
Ich lese gern.

Name: ______________________ Datum: ______________

Endungen von Adjektiven

Adjektive haben einen **Wortstamm** und eine **Endung**, wenn sie vor Nomen stehen:
das grün**e** Gras – die grün**en** Gräser.

○ **1** Ergänze die Endungen **-e** oder **-en**.

das grün____ Gras – die grün____ Gräser

die langsam____ Schnecke – die langsam____ Schnecken

der schief____ Zaun – die schief____ Zäune

das brav____ Pony – die brav____ Ponys

● **2** Markiert die Endungen -e und -en. Was fällt euch auf?

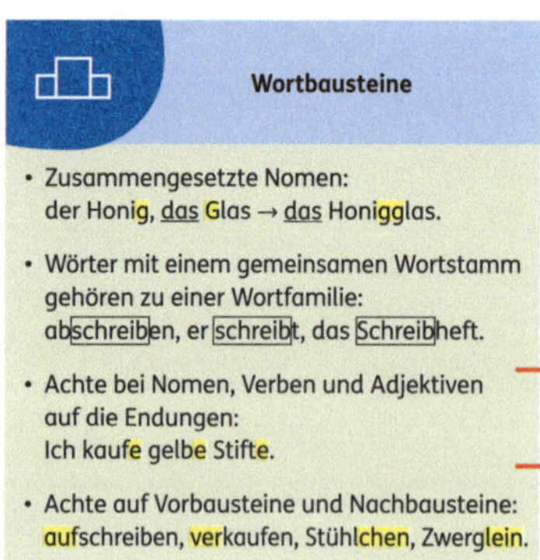
Wortbausteine

- Zusammengesetzte Nomen:
  der Honig, das Glas → das Honigglas.
- Wörter mit einem gemeinsamen Wortstamm gehören zu einer Wortfamilie:
  abschreiben, er schreibt, das Schreibheft.
- Achte bei Nomen, Verben und Adjektiven auf die Endungen:
  Ich kaufe gelbe Stifte.
- Achte auf Vorbausteine und Nachbausteine:
  aufschreiben, verkaufen, Stühlchen, Zwerglein.

- Achte bei Nomen, Verben und Adjektiven auf die Endungen:
  Ich kaufe gelbe Stifte.

◒ **3** Setze die Adjektive passend ein.

lang | spitz | warm | grau | groß

Elefanten leben meist in ______________ Ländern.
Ihre Merkmale sind der ______________ Rüssel und
die ______________ Ohren. Sie haben ______________
Stoßzähne und eine ______________ Haut.

○ **4** Markiere die Endungen -e und -en.

WB S. 36

Name: ______________________ Datum: ______________

Vorbausteine 1

Vorbausteine verändern die Bedeutung eines Verbs:
beladen, **ein**laden, **ab**laden.

1 Setze Vorbausteine und Verben passend zusammen.

be- aus- mit- an- ab-

kommen	geben	laufen
bekommen		

2 Markiere die Vorbausteine.

3 Setze die passenden Verben ein. Markiere die Vorbausteine.

Ich habe ein Lob (ankommen / bekommen / mitkommen) ______________________.

Unsere Lehrerin will uns ein Eis (ausgeben / angeben / abgeben) ______________________.

Ich möchte beim Waldlauf (ablaufen / auslaufen / mitlaufen) ______________________.

4 Schreibe Sätze mit den restlichen Wörtern aus Aufgabe 3.

WB S. 37

Name: ____________________ Datum: ____________

Vorbausteine 2

1 Markiert die Vorbausteine.
Was fällt euch auf?

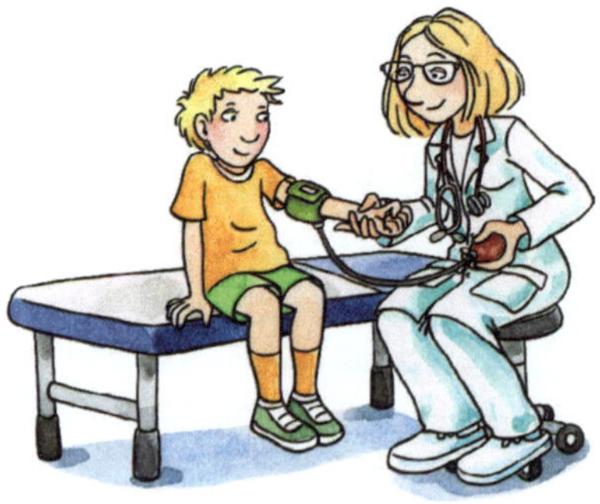

Die Ärztin versucht Marc.

Wir untersuchen ein Konzert.

Ich will einen Kopfstand besuchen.

Julia möchte sich ein Buch absuchen.

Ich muss den Weg nach meinem Schlüssel aussuchen.

2 Schreibe die Sätze richtig auf.

B: S. 80 Nr. 2
Die Ärztin untersucht ...

---

3 Ergänze die Vorbausteine.

vor- | ein- | auf- | ab- | an- | aus- | er- | um-

eine Geschichte ______finden

das Geschirr ______waschen

ein Lied ______singen

früh ______wachen

die Suppe ______schmecken

ein Bild ______malen

die Freundin ______rufen

eine Aufgabe ______schreiben

das Beet ______graben

das Geschenk ______packen

spät ______schlafen

4 Vergleicht.
Wo sind mehrere Lösungen möglich?

5 Schreibe Sätze zu den Wortgruppen.
Markiere die Vorbausteine.

B: S. 80 Nr. 5 z. B.
Paul erfindet eine Geschichte.

Name: ______________ Datum: __________

Vorbausteine Ver-/ver- und Vor-/vor-

Auch **Ver-/ver-** und **Vor-/vor-** sind Vorbausteine.
Sie werden immer gleich geschrieben.

○ **1** Bilde Nomen mit **Ver-** und **Vor-**.
Markiere die Vorbausteine.

der ______garten der ______such der ______käufer

der ______name die ______fahrt das ______steck

2 Schreibe Sätze mit den Nomen.

B: S. 81 Nr. 2 z. B.
Im Vorgarten blühen ...

3 Setze **ver-** oder **vor-** ein.

Fahr ______sichtig!
Ich ______spreche es dir.

Kannst du bitte ______gehen?
Sonst werde ich mich ______laufen.

Bald werden die jungen Vögel ihr Nest ______lassen.
Dann werde ich sie ______missen.

Kalle hat die Aufgabe ______standen.
Deshalb soll er sie ______rechnen.

Soll ich dir ein Geheimnis ______raten?
Franz ist ______liebt.

4 Suche Verben aus der Wörterliste,
die du mit **vor-** zusammensetzen kannst.

B: S. 81 Nr. 4 z. B.
schreiben – vorschreiben

WB S. 38

Name: ______________________ Datum: ______________

Nachbausteine von Nomen

Mit den **Nachbausteinen -chen** und **-lein** bildest du Verkleinerungsformen von Nomen:
der Stiefel – das Stiefelchen.
Manchmal verändert sich der Selbstlaut im Wortstamm:
der Bach – das Bächlein.

1 Bilde die Verkleinerungsformen mit **-chen** oder **-lein**.

 der Stiefel — das Stiefelchen

 das Hemd

 der Eimer

 der Esel

 der Engel

 der Hut

 die Blume

 die Hose

 das Haus

2 Markiere die Nachbausteine.

3 Markiert die Artikel. Was fällt euch auf?

4 Schreibe Sätze mit den Verkleinerungsformen.

WB S. 39

Name: ______________________ Datum: ____________

Wortbausteine erkennen

Wortbausteine

- Zusammengesetzte Nomen:
  der Honig, das Glas → das Honigglas.
- Wörter mit einem gemeinsamen Wortstamm gehören zu einer Wortfamilie:
  abschreiben, er schreibt, das Schreibheft.
- Achte bei Nomen, Verben und Adjektiven auf die Endungen:
  Ich kaufe gelbe Stifte.
- Achte auf Vorbausteine und Nachbausteine:
  aufschreiben, verkaufen, Stühlchen, Zwerglein.

- Achte auf Vorbausteine und Nachbausteine:
  aufschreiben, verkaufen, Stühlchen, Zwerglein.

1 Umrahme die Wortstämme.

besprechen	Liedchen	wegfliegen	Brieflein
abwerfen	Äuglein	verschicken	Blümchen
anschauen	untersuchen	ausreden	abbauen
Kindlein	auffangen	Mäuschen	bekommen

2 Markiere die Vorbausteine.

3 Markiere die Nachbausteine -chen und -lein.

---

4 Setze die Verben mit passenden Vorbausteinen ein.

Hast du mein Briefchen bekommen (kommen)?

Der Tierarzt will mein Kätzchen ______________ (suchen).

Wollen wir mein neues Büchlein ______________ (schauen)?

Kannst du das Lichtlein ______________ (machen)?

5 Markiere die Vorbausteine.

6 Markiere die Nachbausteine -chen und -lein.

Name: ______________________ Datum: ____________

Strategien üben

1 Erklärt die markierten Stellen.
Was könnte schwierig sein?

Ein schöner Regentag
Timo baut mit Bausteinen ein Häuschen.
Jonas und Mama spielen ein Würfelspiel.
Jule bemalt mit Wasserfarben Papiersterne.
Abends liest Karl in einem Geschichtenbuch.

2 Übt die schwierigen Wörter als Partnerdiktat.

3 Warum wird das Wort nur am Anfang großgeschrieben?
Begründet.

Kopfkissen

Wortbausteine

4 Erklärt das auch bei den Wörtern:

Regenwurm | Zimmertür | Schlüsselloch | Pfeilspitze

5 Bilde zusammengesetzte Nomen.

der Regen + der Tag

das Wasser + die Farbe

6 Prüfe die Sätze mit der Tippkarte. Markiere die drei Fehler.
Schreibe die Sätze richtig auf.

Am Regen Tag baut Timo mit Bau Steinen.
Jule malt mit Wasser Farben.

Name: ______________________ Datum: ______________

Das kann ich schon

1 Umrahme jeweils den gemeinsamen Wortstamm gleich.

Backförmchen	Schreibzeug	Klebestift	eisig
sie schreibt	aufbacken	ihr backt	Aufkleber
Eisbär	klebrig	Bäcker	Schreibheft
verschreiben	vereisen	Erdbeereis	kleben

2 Schreibe drei Wörter aus der Wortfamilie **laufen** auf.

____

3 Ergänze passende Vorbausteine.

Jule will ein Lied ______singen.

Tine wird ihren alten Lehrer ______missen.

Juri muss den Text ______schreiben.

Ben darf sich ein Spiel ______suchen.

Sofie darf heute nicht ______spielen.

4 Bilde die Verkleinerungsformen mit **-chen** oder -**lein**.

Das Baby schläft in seinem  ______________________.

Das  ______________________ wühlt im Matsch.

Auf dem Teller liegt ein  ______________________.

5 Markiere die Nachbausteine.

Name: ______________________ Datum: ____________

Häufige Wörter

○ **1** Schreibe die Wörter ab.

vor	vor, vor	
auf	auf	
an		
aus		
ab		
mit		
zu		
um		
dir		
dich		

◒ **2** Decke die Wörter nacheinander ab.
Schreibe sie auswendig daneben.

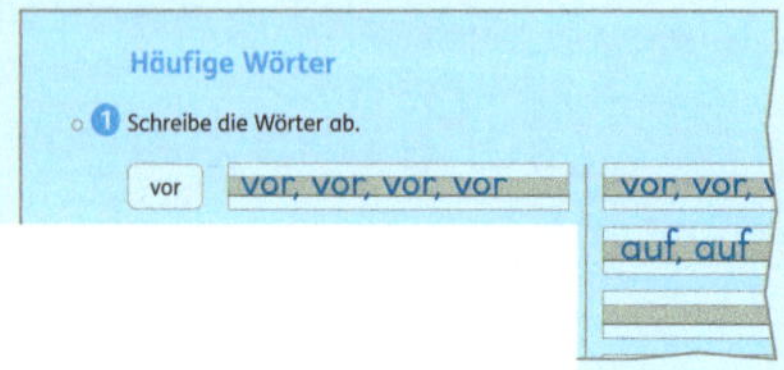

◒ **3** Übt die Wörter als Blitzdiktat.

◒ **4** Setze die Wörter aus Aufgabe 1 ein.

Inka steht _______ ihrer Klasse _______ dem Riesenrad und

schaut sich _______. Die Gondeltüren gehen _______ und _______.

„Setz _______, es wird _______ gefallen!“, sagt ihr Lehrer.

Dann heben sie _______. Inka drückt ihre Nase _______ die Scheibe.

Von oben sieht alles ganz klein _______.

Name: ______________________ Datum: ____________

Ableiten

Verwandte Wörter

Verwandte Wörter haben den gleichen oder einen ähnlichen Wortstamm: lachen – Lachmöwe – lächerlich.

1 Immer drei Wörter gehören zu einer Wortfamilie.
Umrahme jeweils den gemeinsamen Wortstamm gleich.

anfangen	backen	Braunbär
geräumig	Anfängerin	bräunlich
Gebäck	Anfang	ausräumen
bräunen	Raum	Bäckerin

2 Umrahme jeweils den gemeinsamen Wortstamm.
Ein Wort passt nicht. Streiche es.

malen	Gemälde	~~machen~~	malerisch
Saft	salzig	saftig	Säfte
Baum	bauen	Bäumchen	aufbäumen
Bräuche	brauchen	verbrauchen	braun

3 Schreibe jeweils die drei verwandten Wörter auf.

B: S. 87 Nr. 3
malen – Gemälde – malerisch

4 Finde jeweils ein verwandtes Wort. Schreibe die Wortpaare auf.

Häuser | du schläfst | Ärmchen | Verkäufer

WB S. 40

Name: ______________________ Datum: ____________

Wörter mit ä ableiten

Wörter mit **ä** kannst du meist von einem verwandten Wort mit **a** ableiten. Achte dabei auf den Wortstamm:

es f ä/e llt – fallen, also: es fällt,

die Z ä/e hne – der Zahn, also: die Zähne.

1 Verbinde jeweils die Grundform und die Personalform.

fallen	es trägt
tragen	sie rät
raten	du wäschst
waschen	er fällt

2 Markiere a und ä.

3 Schreibe die Wortpaare auf.

B: S. 88 Nr. 3
fallen – er fällt

Gibt es kein verwandtes Wort mit **a**, schreibst du meist **e**: das Brett, gelb.

4 Suche ein verwandtes Wort mit **a**.

f ä/e rben – die Farbe, also: färben

er schl ä/e ft – ______________, also: ______________

der H ä/e rbst – kein verwandtes Wort mit a, also: ______________

der G ä/e rtner – ______________, also: ______________

5 Markiere a und ä.

6 Schreibe die drei Wortpaare auf.

B: S. 88 Nr. 6
die Farbe – färben

WB S. 41

Name: ______________________ Datum: ______________

Wörter mit äu ableiten

Wörter mit **äu** kannst du meist von einem verwandten Wort mit **au** ableiten. Achte dabei auf den Wortstamm:

er l äu/eu ft – laufen, also: es läuft,

die Z äu/eu ne – der Zaun, also: die Zäune.

1 Verbinde jeweils die Einzahl und die Mehrzahl.

der Traum	die Häuser
der Baum	die Bäuche
das Haus	die Bäume
der Bauch	die Träume

2 Markiere au und äu.

3 Schreibe die Wortpaare auf.

B: S. 89 Nr. 3
der Traum – die Träume

Gibt es kein verwandtes Wort mit **au**, schreibst du meist **eu**: die **Eu**le, fr**eu**en.

4 Suche ein verwandtes Wort mit **au**.

tr äu/eu men – der Traum, also: träumen

der Verk äu/eu fer – ______, also: ______

die Fr äu/eu de – kein verwandtes Wort mit au, also: ______

bl äu/eu lich – ______, also: ______

5 Markiere au und äu.

6 Schreibe die drei Wortpaare auf.

B: S. 89 Nr. 6
der Traum – träumen

WB S. 42

Name: ______________________ Datum: ______________

Wörter ableiten 1

1 Suche ein verwandtes Wort mit **a** oder **au**.

du f ä/e llst – fallen, also: du fällst

die Sch ä/e re – kein verwandtes Wort mit a, also: ______________

du l ä/e chelst – ______________, also: ______________

das M äu/eu schen – ______________, also: ______________

die Z äu/eu ne – ______________, also: ______________

fr äu/eu ndlich – kein verwandtes Wort mit au, also: ______________

2 Markiere a/ä und au/äu.

3 Übt die Wörter als Partnerdiktat.

4 Setze die Verben passend ein.

Lea ______________ *(schlafen)* heute bei mir.

Nachts ______________ *(träumen)* ich von einem Abenteuer.

Im Traum ______________ *(laufen)* Lea in der Wüste Ski.

Mein Bruder ______________ *(lassen)* seine Haare lang wachsen.

Beim Sportunterricht ______________ *(tragen)* er einen Zopf.

Ein Haar ______________ *(wachsen)* etwa einen Zentimeter im Monat.

5 Schreibe die Texte ab.

B: S. 90 Nr. 5
Lea schläft ...

Name: ______________________ Datum: ______________

Wörter ableiten 2

1 Ergänze **ä** oder **e**.

der G___rtner	die D___cke	das Gew___sser
das K___tzchen	die H___xe	das J___ckchen
sie f___ngt	er w___chst	ihr l___nkt

2 Schreibe die Wortpaare mit **ä** und **a** auf.

B: S. 91 Nr. 2
der Gärtner – der Garten

3 Ergänze **Äu/äu** oder **Eu/eu**.

die ______le	die Z______ne	der Fr______nd
die Tr______me	die Fr______de	der ______ro
die B______le	die H______ser	die L______se

4 Schreibe die Wortpaare mit **äu** und **au** auf.

B: S. 91 Nr. 4
die Zäune – der Zaun

5 Welches Wort ist richtig? Erklärt und kreuzt an.

☐ lecherlich ☐ lächerlich	☐ gern ☐ gärn	☐ erkeltet ☐ erkältet	☐ Benke ☐ Bänke
☐ heuslich ☐ häuslich	☐ breunlich ☐ bräunlich	☐ neulich ☐ näulich	☐ einzeunen ☐ einzäunen

Name: ______________________ Datum: ______________

Wörter ableiten 3

Ableiten

- Gibt es ein verwandtes Wort mit **a** oder **au**, schreibst du **ä** oder **äu**:

  er f(ä/e)llt – fallen, also: er fällt,

  die B(äu/eu)me – der Baum, also: die Bäume.

- Gibt es kein verwandtes Wort mit **a** oder **au**, schreibst du meist **e** oder **eu**:

  gelb die Kerze heulen die Freude.

1 Markiere die richtigen Buchstaben.

In den B(**äu**/**eu**)men hinter den H(**äu**/**eu**)sern

sitzen in den N(**ä**/**e**)chten immer zwei (**Äu**/**Eu**)len.

Neben der Sch(**äu**/**eu**)ne entdecken sie h(**äu**/**eu**)te

zwei M(**äu**/**eu**)se. (**Äu**/**Eu**)len sind wachsame J(**ä**/**e**)ger.

Doch die M(**äu**/**eu**)schen flitzen schnell um die (**Ä**/**E**)cke.

Am Tag schlafen die (**Äu**/**Eu**)len auf den (**Ä**/**E**)sten

und tr(**äu**/**eu**)men von ihrer B(**äu**/**eu**)te.

2 Schreibe die Wortpaare mit **a/ä** und **au/äu** auf.

B: S. 92 Nr. 2
der Baum – die Bäume

3 Suche Wörter mit **ä** oder **äu** in der Wörterliste.
Schreibe Sätze mit den Wörtern.

Name: ______________ Datum: ______________

Strategien üben

1 Erklärt die markierten Stellen.
Was könnte schwierig sein?

Alles wächst

In unserem Gärtchen gibt es viele Kräuter und andere Pflänzchen. Das Bäumchen in der Ecke trägt im Herbst säuerliche Äpfel. An den Ästen hängen zwei gelbe Nistkästen.

2 Übt die schwierigen Wörter als Partnerdiktat.

3 Warum werden die Wörter mit **ä** und **äu** geschrieben? Begründet.

sie schläft | die Träume

Ableiten

4 Erklärt das auch bei den Wörtern:

du fängst | er gräbt | es läuft | die Mäuse

5 Setze die Verben passend ein.

Im Garten ______________ *(wachsen)* ein Bäumchen.

Der Baum ______________ *(tragen)* viele Äpfel.

6 Prüfe die Sätze mit der Tippkarte. Markiere die vier Fehler.
Schreibe die Sätze richtig auf.

Unser Beumchen tregt rote Epfel.
Sie sind seuerlich.

Name: ______________________ Datum: ______________

Das kann ich schon

1 Immer drei Wörter gehören zu einer Wortfamilie.
Umrahme jeweils den gemeinsamen Wortstamm gleich.

Angst	laufen	ärgern	Traum
ängstlich	Angsthase	du läufst	der Läufer
ärgerlich	träumen	verärgern	verträumt

2 Schreibe die Wortfamilien geordnet auf.

3 Bilde die Grundformen der Verben.

du lässt – ______________ er rät – ______________

sie läuft – ______________ es säuft – ______________

4 Bilde die Mehrzahl der Nomen.

der Pass – ______________ das Kraut – ______________

der Spaß – ______________ das Blatt – ______________

das Haus – ______________ die Maus – ______________

5 Setze die Verben passend ein.

Bald ______________ *(fangen)* der Winter an.

Der Igel ______________ *(schlafen)* im Laubhaufen.

Auch die Fledermaus ______________ *(halten)* Winterschlaf.

Der Frosch ______________ *(graben)* sich im Schlamm ein.

Wann ______________ *(fallen)* der erste Schnee?

Name: ______________________ Datum: ______________

Häufige Wörter

○ **1** Schreibe die Wörter ab.

nun	nun, nun	
immer	immer	
nie		
oft		
schon		
dann		
einmal		
als		
euch		
eure		

2 Decke die Wörter nacheinander ab.
Schreibe sie auswendig daneben.

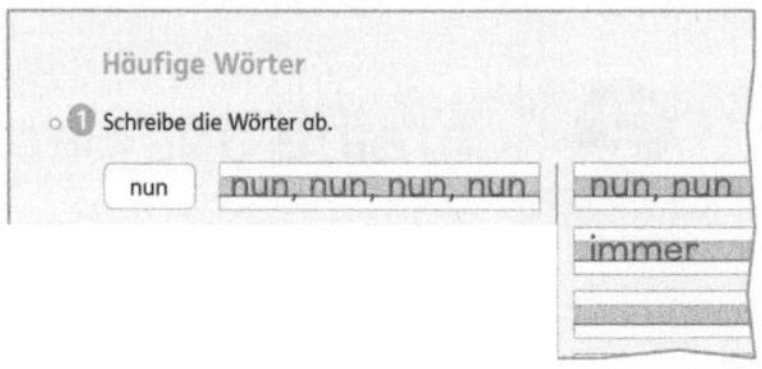

3 Übt die Wörter als Blitzdiktat.

4 Setze Wörter aus Aufgabe 1 ein.

Habe ich __________ schon von meiner besten Freundin erzählt?

Wir treffen uns __________ und haben __________ viel erlebt.

Wir streiten uns fast __________.

Wenn es __________ doch __________ einen Streit gibt,

__________ vertragen wir uns __________ schnell.

Name: ______________ Datum: ______________

Nachschlagen

Das Abc 1

Das **Abc** (**Alphabet**) besteht aus 26 Buchstaben:
A B C D E F G H I J K L M N O P Q R S T U V W X Y Z.
Wörterlisten im Wörterbuch oder Lexikon sind nach dem Abc geordnet.

○ **1** Trage links das Abc ein.

					–	Der Lehrer ruft: „Juchhe!”
					–	„Wir waren heute flott!“
					–	Die Klasse freut sich so.
					–	Jetzt gehen sie zum See.
					–	Dort gibt es kühlen Tee.
					–	Der Schultag war echt nett!

○ **2** Schreibe das Gedicht ab.
Achte auf die Zeilen.

B: S. 96 Nr. 2
A B C D E –
Der Lehrer ruft: „Juchhe!”

◒ **3** Welche Buchstaben stehen im Abc davor und dahinter?

H	I	J	X				M	
U					O		G	
	B			R			D	

WB S. 43

Name: ______________________ Datum: ______________

Das Abc 2

1 Verbinde das Abc jeweils in der richtigen Reihenfolge.

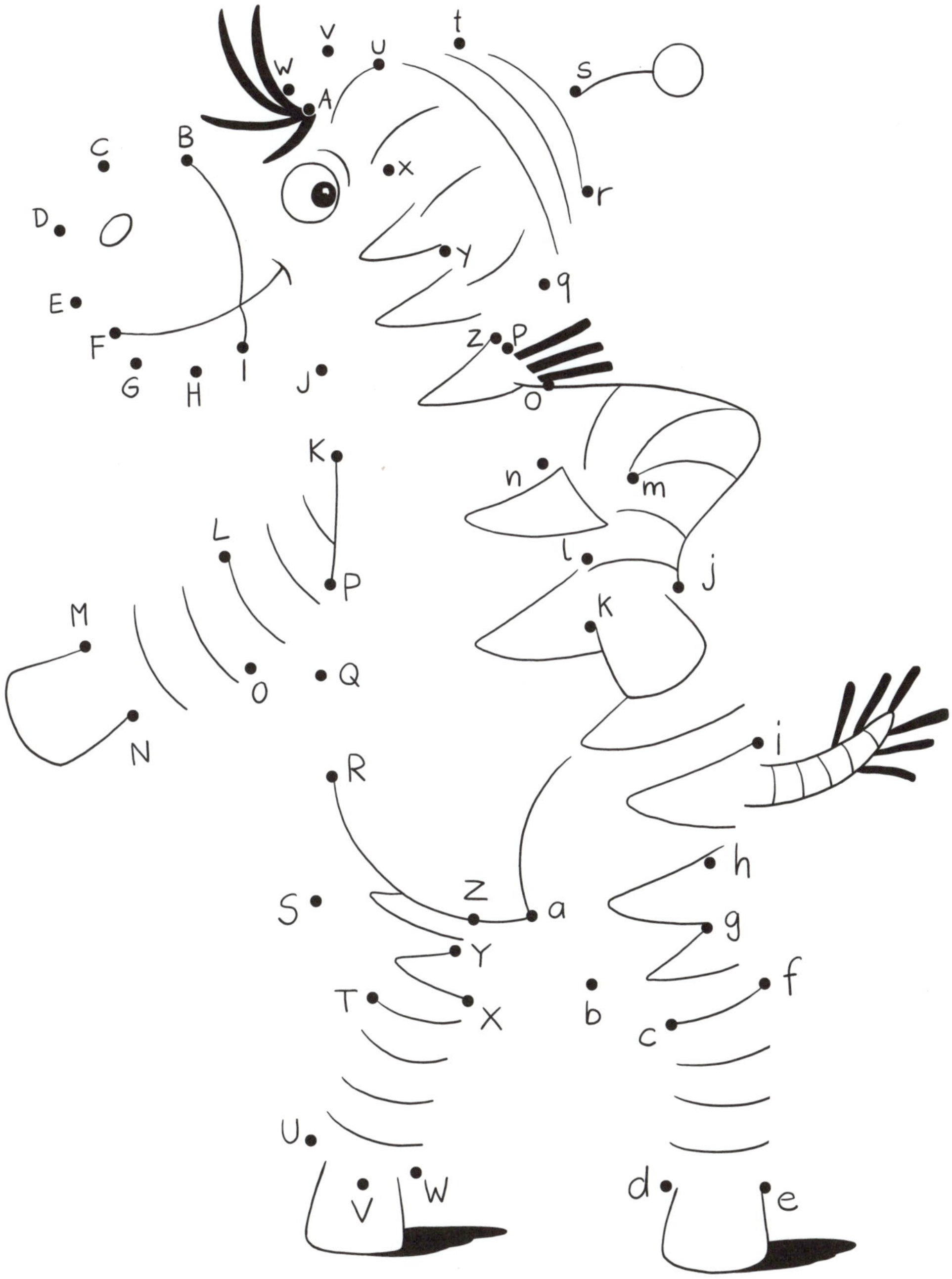

2 Streiche alle Buchstaben,
die nicht in der richtigen Reihenfolge stehen.

A B ~~Z~~ C D E G F G H R I J K A L M E N O P B Q T R S T U V H W U X Y Z

a b c m d e f q g h i j b k l m n r o a p q z r s d t u b v w x c y z

Name: ______________________ Datum: ____________

Das Abc: Anfang – Mitte – Ende

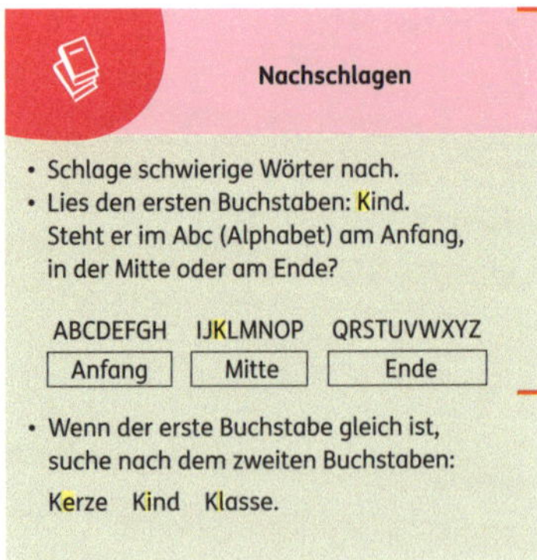
Nachschlagen

- Schlage schwierige Wörter nach.
- Lies den ersten Buchstaben: Kind.
  Steht er im Abc (Alphabet) am Anfang, in der Mitte oder am Ende?

ABCDEFGH IJKLMNOP QRSTUVWXYZ
Anfang Mitte Ende

- Wenn der erste Buchstabe gleich ist, suche nach dem zweiten Buchstaben:
  Kerze Kind Klasse.

Nachschlagen

- Schlage schwierige Wörter nach.
- Lies den ersten Buchstaben: Kind.
  Steht er im Abc (Alphabet) am Anfang, in der Mitte oder am Ende?

ABCDEFGH	IJKLMNOP	QRSTUVWXYZ
Anfang	Mitte	Ende

○ **1** Ergänze das Abc.

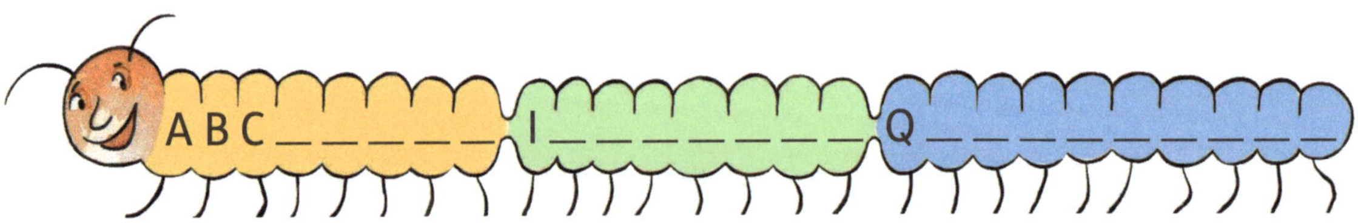

○ **2** Sprecht die drei Teile mehrfach im Wechsel.

○ **3** Trage die fehlenden Buchstaben ein.

A	
B	
C	Chamäleon
	Giraffe
H	

I	
	Jaguar
	Nashorn
	Otter
P	

Q	
	Uhu
	Yak
Z	

◒ **4** Ergänze Tiere aus der Wörterliste.

Name: ______________________ Datum: ______________

Nach dem ersten Buchstaben ordnen

1 Ordne die Buchstaben nach dem Abc.

N K M L	E F H G D	T W U X V Y
K,		

2 Markiere jeweils den ersten Buchstaben. Schreibe ihn in das Kästchen.

Herbst	Jahr	Abend	Ferien	Nacht	März
H					

3 Ordne die Buchstaben aus Aufgabe 2 nach dem Abc.

A					

4 Ordne die Wörter nach dem Abc.

Abend,

5 Markiere jeweils den ersten Buchstaben. Ordne nach dem Abc.

Banane	Apfel	Weintraube	Kiwi	Erdbeere

Name: ______________________ Datum: ______________

Nach dem zweiten Buchstaben ordnen

Nachschlagen

- Schlage schwierige Wörter nach.
- Lies den ersten Buchstaben: Kind.
  Steht er im Abc (Alphabet) am Anfang, in der Mitte oder am Ende?

ABCDEFGH	IJKLMNOP	QRSTUVWXYZ
Anfang	Mitte	Ende

- Wenn der erste Buchstabe gleich ist, suche nach dem zweiten Buchstaben:
  Kerze Kind Klasse.

- Wenn der erste Buchstabe gleich ist, suche nach dem zweiten Buchstaben:
  Kerze Kind Klasse.

1 Markiere jeweils den zweiten Buchstaben.

Zahn [1] zwei [ ] Zeit [ ] Zoo [ ] Ziel [ ] zuerst [ ]

2 Nummeriere nach dem Abc.

3 Markiere jeweils den zweiten Buchstaben. Nummeriere nach dem Abc.

Wiese [ ]	Kette [ ]	Schatz [ ]
werfen [ ]	Kiste [ ]	spitz [ ]
Wald [1]	klein [ ]	Sahne [ ]
wohnen [ ]	Korb [ ]	Sonne [ ]
Wurm [ ]	Knoten [ ]	sehen [ ]

4 Ordne nach dem Abc.

Montag Dienstag Mittwoch Donnerstag Freitag Samstag Sonntag

____

____

Name: ______________ Datum: ______________

Nach dem dritten Buchstaben ordnen

Wenn die ersten beiden Buchstaben gleich sind,
ordne nach dem dritten Buchstaben: Hand, Hase, Haus.

1 Markiere jeweils den dritten Buchstaben.
Nummeriere nach dem Abc.

Banane	☐	Zeugnis	☐	Pfund	☐
Baby	1	Zebra	☐	Pfanne	☐
baden	☐	Zeit	☐	Pfote	☐
Baum	☐	Zelt	☐	Pflaume	☐
basteln	☐	zehn	☐	Pferd	☐

2 Ordne die Namen nach dem Abc.

____

____

3 Schreibt die Namen aus eurer Klasse auf.
Ordnet sie nach dem Abc.

4 Suche die zwölf Monatsnamen in der Wörterliste.
Schreibe sie auf Karten.

5 Ordne die Monatsnamen nach dem Abc.

WB S. 44

Name: ______________________ Datum: ______________

In der Wörterliste nachschlagen 1

In der **Wörterliste** sind Wörter nach dem Abc geordnet.
Nachschlagen hilft dir beim richtigen Schreiben.

1 Suche jeweils das erste und das letzte Wort auf den Seiten 124–125.

Al/al: alle ______ alt ______

Au/au: ______ ______

Ba/ba: ______ ______

Bl/bl: ______ ______

2 Welches Wort steht in der Wörterliste darunter? Schreibe es unter das Wort. Es entstehen drei Sätze.

Tier	König	neun	lernen
Tiger ______	______	______	______ .
Idee	Schild	ihr	winken
______	______	______	______ .
Dose	Fliege	alt	hier
______	______	______	______ .

3 Nenne ein Wort aus der Wörterliste. Dein Partner nennt das Wort darüber und darunter.

WB S. 45 Klett Diagnostik

Name: ______________________ Datum: ____________

In der Wörterliste nachschlagen 2

Die Wörterliste ist wie eine Tabelle aufgebaut.
In einer **Spalte** stehen die Wörter untereinander.
In einer **Zeile** stehen die Wörter nebeneinander.

		Spalte ↓
Zeile ⟶	das Boot, die Boote	da
	böse	das Dach, die Dächer

1. Suche jeweils das erste Wort in der Wörterliste.
Ergänze die Tabelle.

	erstes Wort	Seite	Spalte	Zeile
F	das Fach	126	2	7
I				
L				
H				
S				
C				

2. Ergänze die fehlenden Wörter.

Im ______________ *(S. 134, Spalte 2, Zeile 21)* gibt es
häufig ______________ *(S. 132, Spalte 1, Zeile 19)*.

Die ______________ *(S. 128, Spalte 2, Zeile 24)* singen
im ______________ *(S. 125, Spalte 1, Zeile 26)*.

Das ______________ *(S. 128, Spalte 2, Zeile 6)* hat
zwölf ______________ *(S. 130, Spalte 1, Zeile 20)*.

3. Schreibe weitere Rätsel. Ein anderes Kind löst sie.

Name: ______ Datum: ______

Zusammengesetzte Nomen nachschlagen

Zusammengesetzte Nomen musst du meist zerlegen und einzeln nachschlagen: Nudel|suppe → Nudel und Suppe.

1 Zerlege die zusammengesetzten Nomen. Schlage einzeln nach.

Glasflasche : Glas (S. __) Flasche (S. __)

______ : ______ (S. __) ______ (S. __)

______ : ______ (S. __) ______ (S. __)

______ : ______ (S. __) ______ (S. __)

______ : ______ (S. __) ______ (S. __)

2 Welches Wort steht in der Wörterliste darüber?
Schreibe es über das Wort.
Bilde zusammengesetzte Nomen.

Brief	Papier	→	Briefpapier
Brille	Pass		
______	______	→	______
Sonne	klein		
______	______	→	______
Gast	Bär		
______	______	→	______
April	lachen		
______	______	→	______
Straße	Körper		

3 Schreibe Sätze mit den Wörtern.

 WB S. 45 Klett Diagnostik

Name: ______________________ Datum: ______________

Besondere Wortformen nachschlagen

Schlage **Nomen** in der **Einzahl** nach:
viele Späße → der Spaß.
Schlage **Adjektive** in der **Grundform** nach:
ein schönes Haus → schön.

1 Welche Wörter schlägst du nach?

die fleißigen Kinder
↙ ↘
fleißig ______ Kind ______
(S. ____) (S. ____)

die schnellen Boote
↙ ↘
__________ __________
(S. ____) (S. ____)

viele süße Tees
↙ ↘
__________ __________
(S. ____) (S. ____)

die mutigen Freunde
↙ ↘
__________ __________
(S. ____) (S. ____)

die großen Wälder
↙ ↘
__________ __________
(S. ____) (S. ____)

viele heiße Öfen
↙ ↘
__________ __________
(S. ____) (S. ____)

Schlage **Verben** in der **Grundform** nach:
er zieht → ziehen.

2 Welches Wort schlägst du nach?

sie fliegt	es passt	er spricht	du rennst
↓	↓	↓	↓
fliegen ______	__________	__________	__________
(S. ____)	(S. ____)	(S. ____)	(S. ____)

Name: ______________________ Datum: ______________

Schwierige Wörter nachschlagen

Einige Wörter schreibst du anders, als du sie sprichst.
Schlage an verschiedenen Stellen nach.

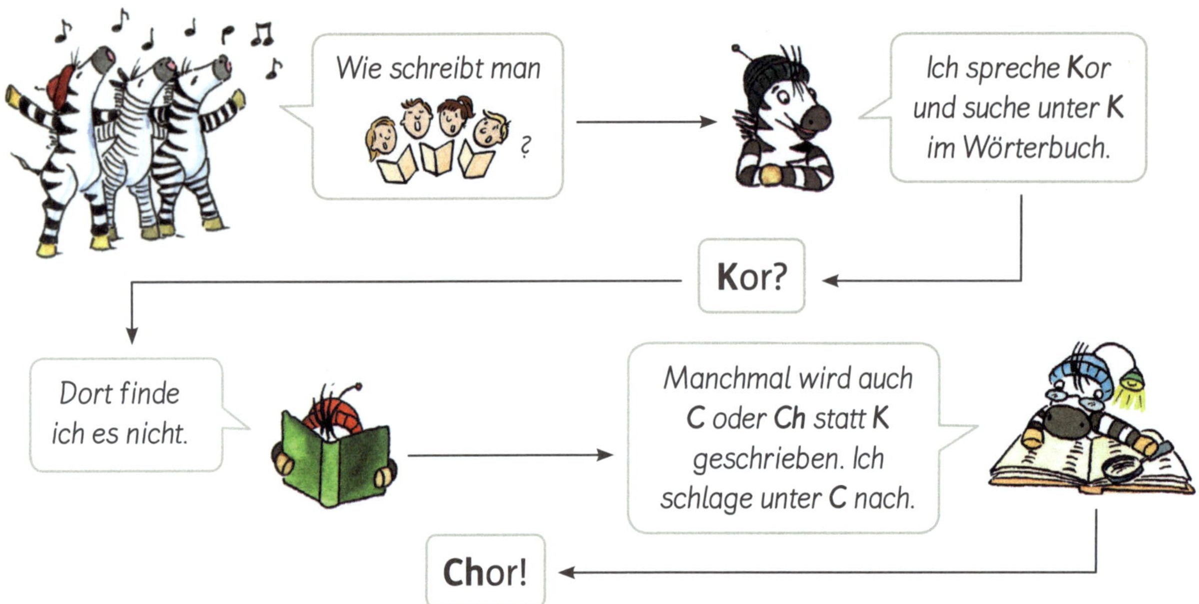

○ **1** Welches Wort erscheint dir richtig? Markiere es.

 fir vier fier — vier S. 134

 Fanne Vanne Pfanne — S.

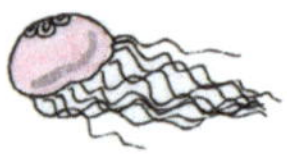 Kwale Qualle Quale — S.

 Fahne Faane Vane — S.

◒ **2** Schlage nach.
Schreibe wie im Beispiel.

◒ **3** Schlage nach. Schreibe die Wörter auf.

Name: ______________________ Datum: ____________

Im Wörterbuch nachschlagen

Im Wörterbuch steht der erste Buchstabe am Seitenrand, z. B.: **A.**
So kannst du dein Wort schneller finden.

1 Suche im Ausschnitt des Zebra-Wörterbuchs:

... das erste Wort mit **Ab/ab**.

____

... das letzte Wort mit **Ab/ab**.

____

... das erste Wort mit **Am/am**.

____

... das letzte Wort mit **Am/am**.

____

ab–Am

A a

ab
der Abend, die Aben|de
abends
das Aben|teu|er, die Aben|teu|er
aber
der Ab|fall, die Ab|fäl|le
acht
acht|zehn
acht|zig
der Ad|vent
der Af|fe, die Af|fen
al|le
al|lein
al|les
als
al|so
alt, äl|ter
am
die Amei|se, die Amei|se
die Am|pel, die Am|peln
die Am|sel, die Am|seln

48

2 Welches Wort steht im Ausschnitt darunter?

der Abfall ____________ der Affe ____________ alles ____________ die Ameise ____________

3 Suche in deinem Wörterbuch jeweils das erste und letzte Wort.

Ba/ba ______________________ ______________________

Kn/kn ______________________ ______________________

Ze/ze ______________________ ______________________

WB S. 48 Klett Diagnostik

Name: ____________________ Datum: ____________

Strategien üben

1 Schlagt die markierten Wörter nach.
Was könnte beim Nachschlagen schwierig sein?

Toms Geburtstag

Heute feiert Tom Geburtstag. Opa schickt ihm ein Paket mit lieben Grüßen. Die Gäste bringen viele Geschenke mit. Tom freut sich besonders über die Sonnenbrille. Alle singen im Chor. Es gibt Erdbeertorte.

2 Übt die schwierigen Wörter als Partnerdiktat.

3 Welches Verb schlagt ihr nach?
Begründet.

sie zieht

Nachschlagen

4 Erklärt das auch bei den Verben.

er läuft | du liest | es wächst

5 Welche Wörter schlägst du nach?

der laute Chor ↙ ↘

die weißen Strände ↙ ↘

_______________ _______________ _______________ _______________

(S. ____) (S. ____) (S. ____) (S. ____)

6 Prüfe die Sätze mit der Tippkarte. Markiere die fünf Fehler.
Schreibe die Sätze richtig auf.

Opa schikt ein Paket mit fielen Grühßen. Es gipt Erdbertorte.

Name: ________________ Datum: ________________

Das kann ich schon

1 Welche Buchstaben stehen im Abc davor und dahinter?

	T			G			P			N	
	X			L			R			D	

2 Nummeriere nach dem Abc.
Schreibe die Wörter geordnet auf.

Computer ☐ Quadrat ☐ Ferien ☐ Meer ☐ Klavier ☐

3 Nummeriere nach dem Abc.
Schreibe die Wörter geordnet auf.

Tablet ☐ Tafel ☐ Tasse ☐ Tag ☐ Tanne ☐

4 Suche jeweils das erste Wort in der Wörterliste.
Ergänze die Tabelle.

	erstes Wort	Seite	Spalte	Zeile
K				
R				
U				

Name: ______________________ Datum: ____________

Häufige Wörter

○ **1** Schreibe die Wörter ab.

ja	ja, ja	
vom	vom	
von		
dort		
hier		
da		
am		
zum		
wen		
den		

◒ **2** Decke die Wörter nacheinander ab.
Schreibe sie auswendig daneben.

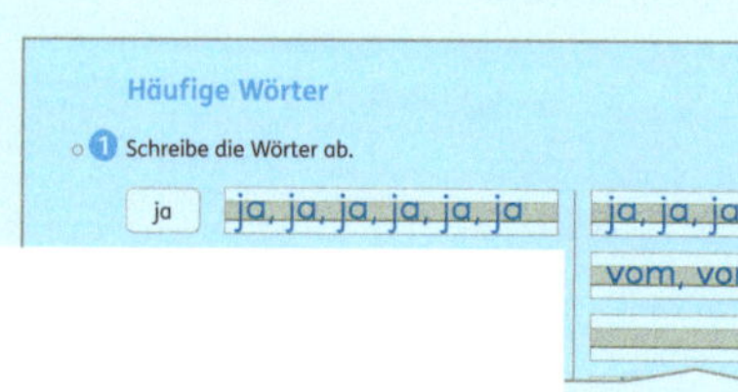

◒ **3** Übt die Wörter als Blitzdiktat.

◒ **4** Setze Wörter aus Aufgabe 1 ein.

„Kennst du ______ Jungen ______?“

„______ meinst du?“ „Der ______ ______ Zaun steht!“

„______! Ich kenne ihn ______ Turnen.“

„Kann er mit ______ Spielplatz kommen?“

„______ mir aus gerne!“

Name: ______________________ Datum: ______________

Merkwörter

Merkwörter üben

Merkwörter kannst du nicht mit den Tippkarten erklären.
Du musst sie regelmäßig üben.

Merkwörter auswendig aufschreiben

1 Sprich das Wort deutlich. Schwinge die Silben.

2 Merke dir schwierige Stellen.

3 Schreibe das Wort auswendig auf.

4 Kontrolliere die Schreibweise. Verbessere Fehler.

1 Schreibe die Merkwörter auswendig auf.

Herbst	Baby	Handy	Cent
Comic	Pony	Schnee	vier
Hexe	Vogel	Chor	Pizza
Tiger	Theater	Clown	Bär

2 Schreibe mit drei Wörtern aus Aufgabe 1 eine kurze Geschichte.

3 Kontrolliere die Schreibweise der Merkwörter.

M

Name: ______________________ Datum: ____________

Merkwörter mit V/v

V/v klingt manchmal wie **f** und manchmal wie **w**: **V**ogel, **V**ase.
Du musst dir die Wörter mit **V/v** merken.

1 Wie klingt **V/v**? Markiere wie im Beispiel.

Vogel | Vase | vier | voll | Klavier | vor

V/v klingt wie f 

V/v klingtwie w 

Vater | Lava | von | viel | Vulkan | Vampir

2 Schreibe die Merkwörter geordnet auf.

B: S. 112 Nr. 2
V/v klingt wie f: Vogel, ...

3 Suche dir fünf Wörter aus.
Schreibe Sätze.

---

4 Setze die Merkwörter passend ein.

voll | von | davon | viel | vier | vor

Franz steht ________ einem Geschäft.

Dort gibt es ________ Süßigkeiten.

In den Regalen stehen ________ Gläser mit

Lutschern und Schokolade. Franz hat ________ Euro

________ seinem Taschengeld mitgenommen.

Er kauft sich ________ einen bunten Lutscher.

---

5 Sammle Merkwörter mit **V/v** aus der Wörterliste.

 WB S. 50 Klett Diagnostik

Merkwörter mit ä

Zu einigen Wörtern mit **ä** gibt es kein verwandtes Wort mit **a**.
Sie sind Merkwörter: S**ä**ge, K**ä**se.

1 Markiere ä.

Säge	Krähe	Mädchen
Käse	März	Käfig
Märchen	Käfer	Bär

2 Schreibe die Merkwörter auf Karten.
Ordne sie nach dem Abc.

3 Übt die Merkwörter aus Aufgabe 1 als Partnerdiktat.

4 Schreibe Sätze mit den Merkwörtern.

5 Löse das Rätsel. Markiere ä.

Der dritte Monat im Jahr ist der …				M	Ä	R	Z
Der Hamster schläft im …			K				
Der … ist groß und mag Honig.							
Mia ist kein Junge, sondern ein …				C	H		
Auf dem Baum sitzt eine schwarze …	K						
Auf der Wiese krabbelt ein …	K						
				N			

Name: ______________________ Datum: ______________

Wörter mit chs und Merkwörter mit x

chs und **x** klingen gleich: der Fu**chs**, die He**x**e.
Du musst dir die Wörter merken, die mit **x** geschrieben werden.

1 Schreibe die Wörter mit **chs**.
Kontrolliere die Schreibweise mit der Wörterliste.

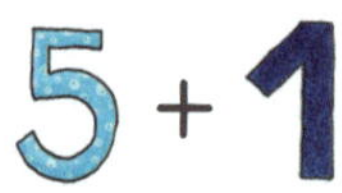

2 Schreibe die Merkwörter mit **x**.
Kontrolliere die Schreibweise mit der Wörterliste.

3 Schreibe Sätze mit den Wörtern aus Aufgabe 1 und 2.

4 Markiere die vier Verben mit chs und x.

O	W	A	C	H	S	E	N
L	F	G	A	M	I	O	D
M	I	X	E	N	E	P	Z
P	B	O	X	E	N	E	N
E	T	H	S	K	P	N	X
W	E	C	H	S	E	L	N

B: S. 114 Nr. 5
Verben mit chs: wachsen, ...

5 Schreibe die Verben geordnet auf.

WB S. 52 Klett Diagnostik

Name: ______________________ Datum: ______________

M

Merkwörter mit aa, ee und oo

Alle Wörter mit doppeltem Selbstlaut sind Merkwörter.
Du sprichst **aa**, **ee** und **oo** immer lang.

○ **1** Lies die Merkwörter.
Markiere wie im Beispiel.

Tee	Haar	Moos	Meer	Idee
Schnee	Boot	Fee	See	Beere

2 Übt die Merkwörter als Partnerdiktat.

3 Setze Wörter aus Aufgabe 1 ein.

Die kleine  _ _ _ wäre so gerne am  _ _ _ _.

Das ist aber zu weit weg. Da hat sie eine  _ _ _ _.

Sie fliegt zum  _ _ _ und setzt sich

ins  _ _ _ _. Dort flechtet sie

ihr  _ _ _ _ und trinkt  _ _ _.

Später fährt sie mit dem  _ _ _ _.

Ihr könnt die Geschichte auch aufnehmen.

4 Suche dir drei Wörter aus Aufgabe 1 aus.
Schreibe eine eigene Geschichte.

○ **5** Stellt eure Geschichten in der Klasse vor.

WB S. 53   Klett Diagnostik

Name: ______________________ Datum: ______________

Merkwörter ihm, ihn und ihr

Die Merkwörter **ihm, ihn** und **ihr** stehen für Nomen:
Leo zeigt seinem Opa den Weg. Leo zeigt **ihm** den Weg.
Der Hund holt den Ball. Der Hund holt **ihn**.
Pepe gibt der Katze Wasser. Pepe gibt **ihr** Wasser.

1 Setze **ihm**, **ihn** und **ihr** ein.

Luca erzählt seiner Oma einen Witz. Er erzählt _______ einen Witz.

Julian klingelt bei seinem Freund. Er klingelt bei _______.

Mia tröstet ihren Vater. Sie tröstet _______.

2 Schreibe den Text auf.
Ersetze die unterstrichenen Nomen durch **ihm**, **ihn** und **ihr**.

Franz geht mit seiner Tante ins Kino.

Sie fragt Franz, welchen Film er sehen möchte.

Er schlägt seiner Tante einen Film vor.

Sie haben den Film vorher noch nicht gesehen.

Der Film gefällt Franz und seiner Tante.

3 Setze **ihm**, **ihn** und **ihr** ein.

Tina beobachtet im Zoogeschäft einen Papagei.

Tina mag _______.

Sie darf die Papageien füttern.

Der Verkäufer gibt _______ Obst für die Vögel.

Tina bedankt sich bei _______.

 WB S. 54 Klett Diagnostik

Name: ______________________ Datum: ____________

M

Fremdwörter 1

Fremdwörter stammen aus anderen Sprachen.
Sie werden daher häufig anders geschrieben als deutsche Wörter.
Es sind Merkwörter.

1 Aus welchen Sprachen kommen die Fremdwörter?

2 Sammelt weitere Fremdwörter aus anderen Sprachen.

---

3 Welche Wörter haben die gleiche Bedeutung?
Markiere in der gleichen Farbe.

Apotheke (Deutsch)	Orange (Deutsch)	Alphabet (Deutsch)
oranssi (Finnisch)	alfabeto (Italienisch)	oranje (Niederländisch)
alfabet (Schwedisch)	apteka (Polnisch)	apotek (Dänisch)

Name: ______________________ Datum: ____________

Fremdwörter 2

Viele **Fremdwörter** kommen aus der englischen Sprache.
Du musst dir die Aussprache und die Schreibweise merken.

○ **1** Ordne die Fremdwörter den Bildern zu.
Trage die richtigen Ziffern ein.

- ☐ die Jeans
- ☐ das Tablet
- ☐ das Baby
- ☐ der Computer
- ☐ das T-Shirt
- ☐ das Skateboard
- ☐ der Burger
- ☐ die E-Mail

◒ **2** Setze Fremdwörter aus Aufgabe 1 ein.

Jan fährt auf seinem ______________________. Er fällt hin.

Seine blaue ______________ hat jetzt ein Loch und sein

weißes ______________ ist schmutzig.

Zum Geburtstag bekommt Mama ein _________________.

Ihr alter ______________________ war viel zu langsam.

Mama schreibt ihrer Freundin gleich eine _________________.

Danach essen wir leckere _________________.

● **3** Weshalb wandern Wörter in die deutsche Sprache ein?

Name: ______________________ Datum: ______________

Merkwörter üben

1 Erklärt die markierten Stellen.
Was könnte schwierig sein?

Im Theater

Mia ist mit ihrem Vater im Theater.
Dort tritt ein Clown auf. Seine Haare sind rot.
Mia lacht über ihn. Ein Chor singt.
Danach essen sie Pizza mit Käse.
Sie fahren mit dem Taxi nach Hause.

2 Übt die schwierigen Wörter als Partnerdiktat.

---

3 Was ist an der Schreibweise dieses Wortes schwierig?

Vampir

4 Erklärt das auch bei den Wörtern:

Hexe | spät | Zoo | Skateboard

---

5 Ergänze die fehlenden Buchstaben.
Kontrolliere die Schreibweise mit der Wörterliste.

 K__fer

 F__ __

 H__nd__

 __ogel

 Ta__i

 B__ __t

---

6 Prüfe die Sätze. Markiere die vier Fehler.
Schreibe die Sätze richtig auf.

Mia und ihr Fater sind im Teater.
Später essen sie Piza mit viel Kese.

M

Name: ________________ Datum: ____________

Das kann ich schon

1 Setze die Merkwörter ein.

Klavier | Vase | Vater | Vogel

Zu Hause

Oma stellt frische Blumen in eine ____________.

Timo übt Lieder auf seinem ____________.

Lena füttert ihren ____________.

Mein ____________ gibt meiner Mutter einen Kuss.

Märchen | Käfig | Mädchen | Bär

Lesen

Jeden Abend lese ich ______________.

In meinem Lieblingsmärchen wird ein kleines ______________ in einen Vogel verwandelt und in einem ______________ gefangen gehalten.

Ein ______________ bewacht das Mädchen.

ihm | ihn | ihr | ihm

Das Baumhaus

Lukas ist im Garten. ________ ist langweilig.

Hannah besucht ________.

Sie möchte mit ________ in das Baumhaus klettern.

Lukas hilft ________ beim Klettern.

2 Übt einen der Texte als Partnerdiktat.

Klett Diagnostik

Name: ______________________ Datum: ____________

Häufige Wörter

○ **1** Schreibe die Wörter ab.

aber	aber, aber	
viele	viele	
jede		
alle		
zur		
nur		
mir		
man		
wem		
dem		

◒ **2** Decke die Wörter nacheinander ab.
Schreibe sie auswendig daneben.

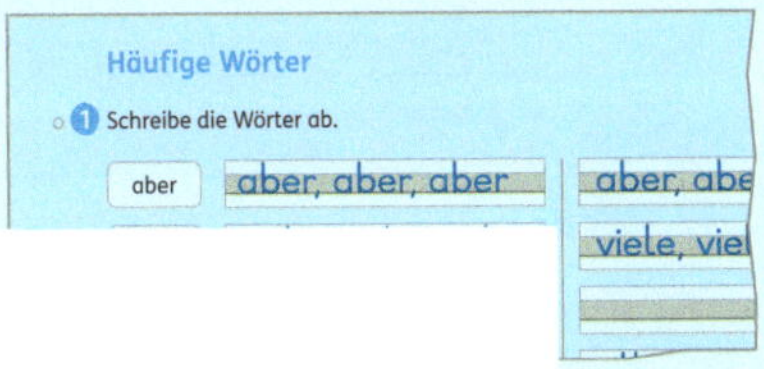

◒ **3** Übt die Wörter als Blitzdiktat.

◒ **4** Setze Wörter aus Aufgabe 1 ein.

Franz fährt ________ Woche mit ________ Fahrrad ________ Bücherei. Dort gibt es ________ Bücher. Franz kann sie ________ nicht ________ auf einmal mitnehmen. ________ darf ________ acht Bücher ausleihen.

Name: ______________________ Datum: ______________

Meine Wörter

In dieser Liste kannst du Wörter sammeln.

Wörter mit **ie**:

Wörter mit **ß**:

Wörter mit **ck**:

Wörter mit **tz**:

Wörter mit **chs**:

Name: ______________________ Datum: ____________

Meine Merkwörter

In dieser Liste kannst du Merkwörter sammeln.

Merkwörter mit **V/v**:

Merkwörter mit **ä**:

Merkwörter mit **x**:

Merkwörter mit **aa**, **ee** und **oo**:

Fremdwörter:

Wörterliste

A a

ab
aber
acht
alle
als
alt
am
die Ameise, die Ameisen
die Ampel, die Ampeln
die Amsel, die Amseln
an
der Anfang, die Anfänge
die Angst, die Ängste
der Apfel, die Äpfel
der April
arbeiten
ärgern
der Arm, die Arme
der Ast, die Äste
auf
aufwachen
das Auge, die Augen
der August
aus
das Auto, die Autos

B b

das Baby, die Babys
backen
baden
der Ball, die Bälle
die Bananenschale,
die Bananenschalen
das Band, die Bänder
die Bank, die Bänke
der Bär, die Bären
der Bauch, die Bäuche
bauen
der Baum, die Bäume
das Bein, die Beine
beißen
der Berg, die Berge
der Besen, die Besen
das Bett, die Betten
die Beule, die Beulen
die Beute
die Biene, die Bienen
die Birne, die Birnen
bis
bitten
das Blatt, die Blätter
blau
bleiben
blicken
der Blitz, die Blitze

die Blume, die Blumen
die Blumenvase,
die Blumenvasen
die Blüte, die Blüten
bluten
das Boot, die Boote
böse
boxen
brauchen
braun
breit
der Brief, die Briefe
die Brille, die Brillen
bringen
das Brot, die Brote
der Bruder, die Brüder
das Buch, die Bücher
bücken
bunt
die Burg, die Burgen
die Butter

C c

der Cent, die Cents
das Chaos
der Chef, die Chefs
der Chor, die Chöre
der Christbaum, die Christbäume
der Clown, die Clowns
der Comic, die Comics
der Computer, die Computer

D d

da
das Dach, die Dächer
der Dachs, die Dachse
der Dank
dann
das
der Daumen, die Daumen
davon
die Decke, die Decken
dem
den
denken
der
der Dezember
dich
dick
die
der Dieb, die Diebe
der Dienstag, die Dienstage
dir
der Donnerstag,
die Donnerstage
dort
die Dose, die Dosen
der Drachen, die Drachen

drei
drohen
drollig
drucken
drücken
du
dürfen
die Dusche, die Duschen

E e 

die Ecke, die Ecken
eckig
das Ei, die Eier
der Eimer, die Eimer
ein(e)
einmal
eins
das Eis
der Elefant, die Elefanten
das Ende, die Enden
der Engel, die Engel
der Enkel, die Enkel
entdecken
die Ente, die Enten
er
die Erdbeere, die Erdbeeren
die Erde
es
der Esel, die Esel
essen
euch
die Eule, die Eulen
eure
der Euro, die Euros

F f 

das Fach, die Fächer
der Faden, die Fäden
die Fahne, die Fahnen
fahren
fallen
fangen
die Farbe, die Farben
der Februar
die Feder, die Federn
die Fee, die Feen
feiern
das Feld, die Felder
das Fenster, die Fenster
die Ferien
das Fest, die Feste
das Feuer, die Feuer
das Fieber
finden
der Fisch, die Fische
die Flasche, die Flaschen
fleißig
die Fliege, die Fliegen

fliegen
fließen
flitzen
das Floß, die Flöße
die Flöte, die Flöten
fragen
die Frau, die Frauen
der Freitag, die Freitage
fremd
die Freude, die Freuden
freuen
der Freund, die Freunde
frieren
der Frosch, die Frösche
der Frühling, die Frühlinge
der Fuchs, die Füchse
der Füller, die Füller
fünf
für
der Fuß, die Füße

G g

die Gabel, die Gabeln
der Garten, die Gärten
der Gast, die Gäste
geben
der Geburtstag,
die Geburtstage
gelb

das Gemüse, die Gemüse
gern
das Geschenk, die Geschenke
das Gesicht, die Gesichter
gestreift
gesund
das Gewitter, die Gewitter
das Glas, die Gläser
die Glatze, die Glatzen
glauben
gleich
die Glocke, die Glocken
glücklich
graben
das Gras, die Gräser
grau
groß
grün
der Gruß, die Grüße

H h

das Haar, die Haare
haben
der Hamster, die Hamster
die Hand, die Hände
das Handy, die Handys
hängen
hart
der Hase, die Hasen

das Haus, die Häuser
heben
die Hecke, die Hecken
das Heft, die Hefte
heiß
der Herbst, die Herbste
das Herz, die Herzen
heute
die Hexe, die Hexen
hier
der Himmel, die Himmel
hören
die Hose, die Hosen
der Hund, die Hunde
der Hunger
hupen
der Hut, die Hüte

I i

ich
die Idee, die Ideen
der Igel, die Igel
ihm
ihn
ihr
im
immer
in
ins
die Insel, die Inseln

J j

ja
die Jacke, die Jacken
jagen
der Jäger, die Jäger
das Jahr, die Jahre
der Januar
jede
der Juli
der Junge, die Jungen
der Juni

K k

der Käfer, die Käfer
der Käfig, die Käfige
das Kalb, die Kälber
kalt
der Käse, die Käse
der Kasten, die Kästen
die Katze, die Katzen
kaufen
kennen
die Kerze, die Kerzen
kicken
das Kind, die Kinder
der Kinderwagen,
die Kinderwagen
die Kirche, die Kirchen
die Kirsche, die Kirschen
das Kissen, die Kissen

die Klasse, die Klassen
kleben
das Kleid, die Kleider
klein
die Klinge, die Klingen
klingen
die Klinke, die Klinken
klug
das Knie, die Knie
der Knopf, die Knöpfe
kochen
der Koffer, die Koffer
kommen
der König, die Könige
können
der Kopf, die Köpfe
der Korb, die Körbe
der Körper, die Körper
die Krähe, die Krähen
das Kraut, die Kräuter
der Krieg, die Kriege
die Krone, die Kronen
der Kuchen, die Kuchen

L l

lachen
die Lampe, die Lampen
lang
langsam
lassen
laufen
die Laus, die Läuse
laut
die Lava
leben
lecker
legen
der Lehrer, die Lehrer
leicht
leise
die Leiter, die Leitern
lenken
lernen
lesen
lieb
lieben
das Lied, die Lieder
liegen
das Lineal, die Lineale
der Löffel, die Löffel
der Löwe, die Löwen
der Luchs, die Luchse

M m

machen
das Mädchen, die Mädchen
der Mai
malen

die Mama, die Mamas
man
der Mann, die Männer
der Mantel, die Mäntel
der Markt, die Märkte
der März
die Maus, die Mäuse
das Meer, die Meere
das Messer, die Messer
der Meter, die Meter
mich
die Milch
mir
mit
der Mittwoch,
die Mittwoche
mixen
der Mixer, die Mixer
mögen
der Monat, die Monate
der Montag, die Montage
das Moos, die Moose
der Mund, die Münder
die Muschel, die Muscheln
mutig
die Mutter, die Mütter
die Mütze, die Mützen

N n

die Nacht, die Nächte
die Nadel, die Nadeln
der Name, die Namen
die Nase, die Nasen
nein
das Nest, die Nester
neu
neun
nie
niesen
die Nixe, die Nixen
der November
die Nudel, die Nudeln
nun
nur

O o

ob
oder
der Ofen, die Öfen
oft
der Oktober
die Oma, die Omas
der Onkel, die Onkel
der Opa, die Opas

P p

packen
das Paket, die Pakete
der Papa, die Papas
das Papier, die Papiere
der Pass, die Pässe
passen
die Pfanne, die Pfannen
das Pferd, die Pferde
die Pflanze, die Pflanzen
das Pflaster, die Pflaster
pflegen
der Pinsel, die Pinsel
die Pizza, die Pizzen
das Pony, die Ponys
die Puppe, die Puppen
putzen

Q q

quaken
die Qualle, die Quallen

R r

der Rabe, die Raben
raten
der Raum, die Räume
die Raupe, die Raupen
rechnen
reden
das Regal, die Regale
der Regen
die Reise, die Reisen
reiten
rennen
richtig
riechen
der Riese, die Riesen
der Ring, die Ringe
die Rose, die Rosen
rot
rufen
ruhig
rund
rutschen

S s

die Sache, die Sachen
der Saft, die Säfte
die Säge, die Sägen
sagen
der Salat, die Salate
der Samstag, die Samstage
sauer
saufen
das Schaf, die Schafe
schauen
die Schaukel, die Schaukeln
schenken

die Schere, die Scheren
die Scheune, die Scheunen
schicken
schieben
die Schiene, die Schienen
das Schild, die Schilder
schlafen
schlagen
die Schlange, die Schlangen
schließlich
der Schlitten, die Schlitten
der Schlüssel, die Schlüssel
schmecken
der Schmetterling,
die Schmetterlinge
schmücken
der Schmutz
die Schnecke, die Schnecken
der Schnee
schneiden
schnell
schon
schön
schräg
der Schrank, die Schränke
schreiben
der Schuh, die Schuhe
die Schule, die Schulen
schwarz
das Schwein, die Schweine

schwer
die Schwester,
die Schwestern
schwimmen
sechs
die Seife, die Seifen
sein (er/sie/es ist)
die Seite, die Seiten
der September
setzen
sie
das Sieb, die Siebe
sieben
singen
sinken
sitzen
so
sollen
der Sommer, die Sommer
die Sonne, die Sonnen
der Sonntag, die Sonntage
die Soße, die Soßen
sparen
der Spaß, die Späße
der Spaten, die Spaten
der Spiegel, die Spiegel
das Spiel, die Spiele
spielen
die Spinne, die Spinnen
spitz

sprechen
springen
die Spritze, die Spritzen
der Stab, die Stäbe
die Stange, die Stangen
stark
staunen
der Stein, die Steine
der Stempel, die Stempel
der Stern, die Sterne
der Stiefel, die Stiefel
der Stift, die Stifte
stören
stoßen
der Strand, die Strände
die Straße, die Straßen
der Strauß, die Sträuße
die Stunde,
die Stunden
suchen
die Suppe, die Suppen
süß

T t

die Tafel, die Tafeln
der Tag, die Tage
der Tannenzapfen,
die Tannenzapfen
die Tante, die Tanten
die Tasche, die Taschen
taub
die Taube, die Tauben
das Taxi, die Taxis
der Tee, die Tees
der Teller, die Teller
das Theater, die Theater
tief
das Tier, die Tiere
der Tiger, die Tiger
der Tisch, die Tische
die Tomate, die Tomaten
der Tomatensalat,
die Tomatensalate
der Topf, die Töpfe
das Tor, die Tore
die Torte, die Torten
tragen
der Traum, die Träume
träumen
treffen
die Treppe, die Treppen
die Tür, die Türen
turnen
der Typ, die Typen

U u

üben
um

und
uns
unten
der Urlaub, die Urlaube

V v

die Vase, die Vasen
der Vater, die Väter
der Verkäufer, die Verkäufer
versinken
viel(e)
vier
der Vogel, die Vögel
vom
von
vor
der Vorschlag,
die Vorschläge
der Vulkan, die Vulkane

W w

wachsen
der Wald, die Wälder
die Wange, die Wangen
wann
warm
warten
warum
was
waschen
das Wasser
wechseln
der Weg, die Wege
weich
weinen
weiß
weit
weiter
wem
wen
wer
werfen
das Werk, die Werke
das Wetter
wie
die Wiese, die Wiesen
wild
winken
der Winter, die Winter
wir
wissen
wo
die Wolke, die Wolken
wollen
der Würfel, die Würfel
der Wurm, die Würmer

Z z 

die Zange, die Zangen

zanken

der Zaun, die Zäune

das Zebra, die Zebras

zehn

zeigen

die Zeit, die Zeiten

der Ziegel, die Ziegel

ziehen

das Zimmer, die Zimmer

zu

der Zucker, die Zucker

der Zug, die Züge

zum

zur

zwei

der Zwerg, die Zwerge

die Zwiebel, die Zwiebeln

Quellennachweis

Ablang, Friederike, Berlin, **6.1; 11.1; 12.1; 22.1; 27.1; 33.1; 37.1; 42.1; 43.6; 47.2; 48.1; 55.3; 58.11; 59.1; 72.1; 72.3; 72.4; 72.6; 82.1; 82.2; 82.3; 82.7; 82.9; 83.3; 83.4; 85.1; 92.2; 99.1; 106.1; 106.2; 106.4; 106.5; 106.6; 106.7; 106.8; 106.9; 106.11; 106.12; 106.13; 109.1; 113.1; 114.3; 115.1; 115.2; 115.3; 115.4; 115.5; 115.7; 115.8; 118.1; 118.2; 118.5; 123.1**; Assies, Juliane, Berlin, **72.2**; Ballhaus, Verena, München, **14.5; 25.7**; Fröhlich, Anke, Leipzig, **9.1; 9.6; 9.8; 9.9; 9.10; 9.11; 9.12; 10.2; 10.4; 10.5; 10.7; 11.2; 13.3; 13.7; 13.9; 14.3; 14.4; 14.6; 14.7; 15.2; 15.3; 15.5; 16.2; 16.7; 16.12; 16.16; 16.17; 16.21; 17.3; 18.1; 18.2; 19.5; 19.6; 19.12; 23.1; 23.2; 23.3; 23.5; 23.6; 23.7; 23.8; 25.3; 25.4; 25.5; 25.6; 25.8; 25.9; 26.1; 26.2; 26.3; 26.4; 26.5; 26.6; 27.3; 27.4; 28.1; 28.3; 29.2; 29.3; 29.4; 29.5; 29.8; 29.13; 29.14; 30.2; 30.3; 30.5; 30.6; 30.10; 30.11; 30.13; 31.1; 31.5; 31.6; 32.1; 33.2; 33.3; 33.4; 34.3; 34.5; 34.7; 34.12; 34.13; 35.2; 35.4; 36.2; 36.4; 36.5; 38.2; 39.2; 39.3; 39.4; 39.6; 39.7; 43.1; 43.10; 43.11; 43.12; 43.16; 46.1; 52.2; 55.2; 55.4; 55.5; 55.10; 56.1; 56.2; 57.7; 57.8; 57.9; 65.1; 65.3; 65.4; 68.4; 68.7; 72.5; 76.1; 76.2; 76.3; 76.4; 82.5; 82.6; 82.8; 82.10; 84.2; 85.2; 85.3; 85.4; 90.1; 92.3; 93.2; 101.1; 104.1; 104.2; 104.3; 104.4; 106.3; 106.10; 106.14; 106.16; 112.1; 112.2; 114.2; 114.6; 114.7; 114.9; 117.1; 117.2; 117.3; 117.4; 117.5; 117.6; 118.4; 118.6; 119.2; 119.3; 119.6; 120.2; 124.1; 128.3; 131.3; 133.2**; Hammen, Josef, Trierweiler, **88.1**; Hesselbarth, Susann, Leipzig, **35.3; 118.7**; Hochmann, Carmen, Gütersloh, **27.5**; Kranenberg, Hendrik, Drolshagen, **29.7; 112.3**; Oser, Liliane, Hamburg, **29.1; 43.7; 68.5; 115.6**; Rau, Katja, Berglen, **75.2**; Schumann, Friederike, Berlin, **6.2; 6.3; 6.4; 7.1; 7.2; 8.1; 8.4; 8.5; 8.6; 11.8; 11.9; 11.10; 11.11; 13.1; 13.5; 14.1; 15.1; 19.3; 20.1; 20.2; 21.1; 31.7; 31.8; 32.3; 34.1; 36.3; 37.2; 39.8; 41.1; 46.2; 47.1; 48.2; 49.1; 49.4; 49.5; 49.6; 51.1; 53.1; 55.1; 55.7; 55.8; 55.9; 57.3; 58.1; 58.2; 58.3; 58.4; 58.5; 58.6; 58.7; 58.8; 58.9; 58.10; 60.1; 61.1; 63.3; 64.1; 66.1; 66.2; 68.3; 68.6; 69.2; 70.1; 75.1; 77.1; 78.3; 80.1; 80.2; 81.1; 89.1; 94.1; 96.1; 97.1; 98.3; 100.3; 101.2; 102.1; 104.5; 104.6; 108.2; 110.2; 111.1; 113.2; 114.1; 114.4; 114.5; 114.8; 114.10; 115.9; 116.1; 116.2; 117.7; 119.1; 119.5; 120.1; 120.3; 121.2; 130.2; 135.3**

Quelle für die Strategiesymbole
Symbole: „Schwingen", „Verlängern" (bei Zebra Weiterschwingen) und „Ableiten": Aus: Bettina Rinderle: FRESCH Freiburger Rechtschreibschule. AOL-Verlag in der Persen Verlag GmbH, Lichtenau.

1. Auflage 1 5 4 3 2 | 28 27 26 25 24

Alle Drucke dieser Auflage sind unverändert und können im Unterricht nebeneinander verwendet werden. Die letzte Zahl bezeichnet das Jahr des Druckes.

Autorinnen: Nina Alexy, Bernadette Girshausen, Karin Schramm, Petra Splaning
Beratung: Kerstin Ende
Entstanden in Zusammenarbeit mit dem Projektteam des Verlages.

Umschlaggestaltung/Vektorgrafik: know idea gmbh, Freiburg
Titelbild: Friederike Ablang, Berlin
Druck: Druckhaus Götz GmbH, Ludwigsburg

Printed in Germany
ISBN 978-3-12-271030-9

9 783122 710309